바다를 낚는 여자

지혜사랑 037

바다를 낚는 여자

백소연

시인의 말

아버지의 삶은 세상으로 통하는 통로요 소금바다였고
곧 '나' 와 '너' 였다. 길 위에 삶도 곧 바다와 닮아있어서
늘 내 집착을 벗어난 객관성에 대해 고민해 왔다. 때로 깜깜한
어둠 속에서 기하학적으로 굳어가기도 했다.
신神이 내게 상처를 감는 두루마리 시편을 내려주었을 때도
나는 그것을 애써 외면했다. 한때는 장비도 없이
생명의 문장을 쓸 수 있기를 갈망하기도 했다.
나도 사과를 씹어 먹고 싶었다.
한순간을 잊지 못하게 한 시詩에 대한 존재감이
입술을 열어 점자처럼 신호를 보내오기 시작했을 때, 비로소
속울음이 터져 나왔다.
시는 온몸으로 쓴다는 사실을 그때 깨달았다.
사람들 마음은 신을 잊었고,
하늘의 이슬에 대해 더 이상 묻지 않는다.
하여 한 벌의 옷이라도 짓고 싶었을까.
때와 장소를 가리지 않고
내 수첩과 일기 속에 생생 파편조각을 훔쳐 넣기 시작한 것?
아무쪼록 함께 걷는 동행자가 되길 기도한다.

2010년 9월

백소연

차례

제2부 비망록

제3부 재즈

제4부 붉은 뼈

제1부
바다를 낚는 여자

격포항 1

바다를 캐온 아낙들 아까부터 바지런한 몸 놀려
뚝길 위 일렬횡대 포장마차로 늘어섰다
피조개 키조개 줄줄이 석쇠 머리에 올려놓고
바다를 구우며 외친다
"물 좋은 놈 있어요. 물 좋은 놈…"

세상의 파도 타던 남루한 사람들
팔딱대는 개불 우럭 광어 몇 놈 골라놓고
삽시간에 빙 둘러앉아
끄을음 나는 석유난로 심지를 올린다
아낙네 붉게 언 손 끝 따라
양파 껍질처럼 저며낸 생 살 몇 점,
겨자가루에 말아내며 주고받는 세상사인가
냉기 서린 해물 혓바닥 돌돌 감아
비린 맛 빼곡히 채워 마신다

새까맣게 타들어간 울화
허공 위로 간간이 종주먹질 해대며
바다 문 활짝 열어젖힌 늦은 저녁
세상 입담 잘근잘근 씹다 무리 지어
차례로 길나서는 저 행인들
바다는 금세, 노란 알 하나 품고 새침하게 누웠다

거꾸로 세운 화분

뿌리가 썩은 줄도 모르고 나는
매일 물을 주었구나
햇살 한줌에도 바람 한 움큼에도
시들시들 목 조이는 고통을 몰랐구나

고무호스 들이밀어 허튼 수혈을 하고
사지 웅크리고 있는 괄약근을
흙탕물 허구렁 속에 밀쳐 끝내
한 생을 덜컥, 물어뜯긴 종양을 들여다본다
불길한 바람무늬 돌진할 때마다 일제히
비명을 내지르는 황달 낀 수족

늘 얼굴을 제 가슴께에 파묻고
목이 잠겼을 썩은 밑동 인정머리 없이 제왕하자 이내
뿌리를 잠식시킨 먹피 와그르르 쏟아진다
누구도 귀담아 듣지 못해 죽음을 불러들였을

몸에 박힌 가슴앓이 시간이란
이토록 진저리쳐지는 청산가리 독이 되는가
뇌운雷雲의 어둠 낱낱이 쏟아져 나온다

제 살 파내는 것이
내 살 도리는 것만큼 아리다, 말 못하지만
일흔 번씩 일곱 번이라도
용서하며 기다렸을 피 흘린 속
겹겹 어루만져 본다
어둠 닦아 아침을 밀어 올리는
구근!

누운 나무

옆구리 썩어 들어간
굴참나무 한 그루가 누웠습니다.
온몸을 휘감은 주검은 무수한 발들에게
기꺼이 등을 내주며 길이 되었습니다. 그 곁에
미처 비껴 앉지 못한 어린 뿌리가
간신히 목을 비튼 채
파릇한 싹 두어 잎 틔우고 있네요.
몸이 다리가 된 나무는 어느새
이 땅의 흙과 한 살붙이가 된 것인지
뿌리가 잠든 곳에서
나도 모르게 아버지의 산에 기대
한 그루 나무로 태어나게 합니다.
가지에서 가지로 온몸을 뱅뱅 도리질치다
흐르고 멈추어야 할 때를 겨우 감지한 걸까요
급한 바람이 후딱 지나가자
잔뿌리를 키운 원목들이 부스스 허리를 일으켜 세웁니다.

꽃이 지면 열매도 맺힐 일이지만
혹한의 길을 나는
이제야 조금씩 깊어지고 있나 봅니다.

바다를 낚는 여자

새벽을 떠받든 장바닥,
푸른 물고기가 일렬종대로 갯물을 토한다
속 고쟁이 허옇게 내놓고 앉아있던 여수댁은
객주들과 일찌감치 실랑이를 치며
물 항아리 고무 통 속에 바지런히
바다를 퍼 나른다
카랑카랑한 목청 풀어
통통 튀는 은빛 갈치들 걷어 누인 생선 궤짝
삐쳐 나온 피조개 살, 온몸 비틀린 오징어 몸통
장바닥에 주절주절 잡아 앉힌다
이 길 저 길 사람들 무던히 들락대는 한 복장
갓난애 들쳐 업은 젊은 아낙 어물전 골목 두리번대다
곁눈 뜬 광어와 시선 딱!
얼쑤, 잽싸게 그 눈 치켜 올려
허공에 매달아 놓고 흥정하자 하는
저 고등어 같은 여자

바다를 푼다
미적미적 돌아서는 타지 사람 등 뒤에 대고
들어보면 뼛속까지 푹 삭은 속내 알 것이라
물 좋은 홍어 한 놈 '톡'
배때기 뒤집어 보이면
속 들여다보던 장꾼들 고개 끄덕이다 비로소
썩어져 제 맛 뱉어내는 곰삭은 속 들고 나간다
바다 장사 28년 여수댁 앞에 우—
하루 썰물 밀려나간다
생선 궤짝 두루치기하고 걸터앉아
비린 사람들 들어앉힌 전대 속
등 푸른 꿈의 치어들 자글자글 부화한다
물 밀어낸 파장 마당에 번쩍번쩍
짠물 낚아 올리는 저 여자!

소금 강

1.
백열등 불빛 아래 젖은 각목 섰다

목재 귀퉁이 아귀 잡아
울아버지 몽그라질 때까지
일생 꺼칠한 생목 닦아내셨다

공방 문 가로질러 탕탕 못대가리 내리치던 쇳소리
먼지 수북한 토방 밤새 돋움새겼다
때마다 백 촉 백열 눈 박힌
오동나무 옻칠, 장롱 문짝마다 조각한 진주껍데기
집집이 수놓였다

죽은 나무 닦아 의걸이장 마름질하는
굳은 살 밴 수족으로도 메우지 못한 집채 만한
구멍, 찍고 찍어도 다시 새끼 친 일수날인은

도마뱀 꼬리였을까

2.
코흘리개 장돌뱅이 아이들
5일 파장마당 우우 떼 지어
골목골목 쏟아져 나왔다
순대집 묵은 발솥 아궁이 앞에 쭈그리고 앉아
부지깽이로 얹혀살던 남루
배고픈 끼니 긁어 담은 떼울음을
빈 깡통 가득 끌고 다녔다
붓돌네, 공순네, 뺑치, 달걀귀신, 재필이…
저잣거리에 내걸린 끼니는 먹어도 먹여도
귀가 닳은 숟가락질과 배고픈 머슴살이 뿐이었다

허기진 골목 안에 입간판 내건 아버지는
쇠등심 같던 막대 아교살 녹여
벌어진 생 밑둥치에 박아 넣고 딱딱, 접살 붙였다
쌀뒤주, 반닫이, 의걸이장…
빈 아궁이에 몰아 넣던 톱밥 꽃
시린 발등 위로 후두둑 후두둑 쏟아 부었다

솜뭉치 같은 빼근한 저녁이면
아버지 목침 괸 단잠 소리
서까래를 오래오래 울렸을까 어쨌을까
구부러진 길 탕탕 못질해 일생 아귀 맞추던
시간의 대팻날 까칠하게 어깃장 칠 때면
사는 게 송진덩어리라도 쇠마치장단은 봄이었다

3.
장바닥 모서리에 기대 누운
다 늙은 신사용 자전거, 느닷없이
발이 묶인 아버지는 어둔
그림자에 쫓겨 허구한 날 사는 게 바빴다

울아버지 등걸은 언제나
소금 강 흐르는 염전鹽田 밭이었을까
꿈이 많은 바다의 뱃고동이었을까
대량생산 초강력 슈퍼 바코드가 서까래를 틈타
문턱을 넘나들 즈음
샹들리에 불빛 따라 칼라 복사된

공방 오라비들 끝내 돌아오지 않았다
자투리 각목 접붙이다 헛손질하는 일이야
점차 사라졌지만 처마 끝에 들앉힌
탱탱 부르튼 톱밥 쉰내는 몽땅 떨이를 쳐도
발시린 밑바닥을 품지 못했든가 어쨌든가

4.
옹이 박힌 무늬를 밤새 송곳 파 마름해도
죽은 자식 불알 만지듯
딱딱한 꿈의 몽정만을 만져야 했던 울아버지
배보다 배꼽이 컸던 물귀신 대출
하, 규격 빗나간 담보 언저리
낱낱이 뭉뚱그려 세운 둥글 네모난 터를 누가 다 뜯어먹었을까
대들보에 박힌 쐐기 못을 종일 뽑아 제키고
사각 아귀 맞춘 각목 쪼가리는
지친 소금 등을 밤새 도리질쳤다
차마 솎아 내지 못한 아버지의 지난한 꿈은
수유를 못해 젖몸살하는 아낙처럼
담보로 끌려간 열 닷 마지기 외배미 논바닥에

붙박혀 있었던 걸까

꼬장꼬장 봄마저 지체할 때면
손 지문 다 닳아빠질 때까지
바람찬 장터에 난장을 치던 사포질,
삭은 대못에 걸린 늙은 연장을 동여매 날을 갈았다
때마다 허리띠를 낚아챈 일수날인
금이 가고 깨진 공방바닥을 잽싸게 건너왔다

덜 마른 생 햇살 쬐일 때마다
정색을 하던 문 밖, 허리춤 단단히 잡아맨
고부라진 톱밥 띠 내려놓은 후에야
아버지 그 긴 해소 기침소리 마침내
강으로 누웠다

호랑가시나무* 눈

절정을 향해 치솟는 나무의
날카로운 이빨 엎드려 있다
잎과 잎의 어긋난 광택
그 오랜 내력을 품은 겨드랑이 속에
느슨해진 삶을 힘껏 잡아당긴
무수한 바늘들 꽂혀 있다

살얼음 낀 바람의 밭은 기침소리 밑에
죽은 듯 배를 깔고 누운 뿌리들은
해풍에 부딪쳐도 목 고대만 까딱일 뿐
흔들리며 흔들리지 않는다

제 가시에 찔린 상처 버텨내기란
또 얼마나 많은 구부러진 생을 잘라내야 했을까
길은 꺾어가도 휘돌아 와도 아픔인지
묵은 가지에 손을 얹으면 바람이 살다 간 등때기

건들릴수록 따끔, 따끔하다

혈기를 드러낸 채
완강하게 버틴 바람 끝점에 서서
꼿꼿한 발톱만 유일한 무기가 되었을 리 만무하다
바닥까지 철퍼덕거리는 해일을 집어삼킬 듯
날카로운 입 속의 이빨
눈 부릅뜨고 섰다

* 전라북도 부안군 도청리의 호랑가시나무 군락: 천연기념물 제122호

심포항

출항하는 고동소리 툴툴거린다
휘어진 햇살 등지고
바다를 일으켜 세우는 단단한 깃발 파랑친다
살다보면 만선의 기쁨 없을까만
때론 빈 배에 실려 돌아온 한숨소리가 더 깊었노라
회치던 아낙이 저민 살 한 접시 은근슬쩍 밀쳐놓는다
시커먼 뱃가죽 훤히 들춰낸 뻘밭에
닻을 내린 고깃배, 서해의 출항도
붉은 함초 앞에 정박된 것일까
해수가 막힌 뻘 밑구멍을 슬몃 들춰보면
개발의 부패로 찌든 비린 속살 조개잡이 갈퀴에 걸려
힘 빠진 물살로 주저앉았다
그 검댕이 심연을 헤집던 포말의 갈퀴질
오죽 쓰린 목마름으로 허덕이던지
이리 저리 떠돌아다니던 부표의 흔적조차 없는
짭조름한 소금기 주물러보면

눈에 띄게 벌떡거리는 물의 심장
늙어가는 물밑을 온몸으로 받아내고 섰다

명옥헌, 배롱나무떼

하늘 휘장 우두둑 찢긴다. 빈집 외워 싼 木백일홍 후둑후둑 전신 떨군다. 장대비 따라 걸어오고 걸어나가는 사람들, 오면가면 웅숭 패인 발부리에 끈끈한 목판화 몇 장 찍어 나간다. 길길이 꽃 멍울 자맥질 소리 휑뎅그렁한 마을 앞 밝히는지. 붉은 生살붙이 식솔들 발등 위 툭툭 농울 친다. 때마다 비몽사몽 천지분별 없던 내 눈자위 길밖으로 밀린다. 꺼뭇꺼뭇 검버섯 섞인 명옥헌* 외딴 나무들, 우글우글 휘어진 등허리로 비탈길 마주서서 아스라이 멀어지는 우울한 것과 눈뜨는 목숨 지천 흔든다. 뿌리 깊이 소생하는 것은 소멸하는 것들보다 천 년 만 년 도드라지는가. 폭우 속에 흩어진 자미화紫微花문신 방죽 에워싼 채 제 몸 겹겹 열고 닫는다. 만고풍산 불지른 혈血 자리, 척추 휜 등걸 안고 삐걱대며 걷는 내 관념의 짧은 행로 속속 들춘다. 어찌 촉각의 으깨지고 터진 상처 시시각각 흘끔흘끔 들여다보기만 할까마는 패이고 뒤틀린 관절 마디마디 우주 달아맨 꽃 바랑 내 눈빛 휘감는다. 수백

넌 가부좌한 배롱나무떼 천지사방 어둑한 길, 밝힌다.

* 명옥헌鳴玉軒 : 전남 담양군 고서면 산덕리 주변에 자리한 정자.

안개주의보

속도에 매달린 빛의 뒷면
직진을 가로막았다
이른 는개인가 싶었는데
사방 연속무늬로 번져나가는 안개다
백미러를 휘감친 무형의 손 느닷없이
내 직관을 몽땅 삼켜버렸다
핏기 한 방울 없는 수척한 얼굴
딱 맞닥트릴 때마다
얼마나 많은 생 불시착 된 것인지
미처 길 안쪽을 감지 못한
내리막길의 급브레이크 소리
생생 고막을 찢는다
누구도 길의 체온 쉽게 읽어내지 못해
무시로 넘나든 궤도 이탈,
굴곡이 심한 생사 그림자가 나를 바싹 뒤쫓고 있었던 걸까

아무런 기미조차 눈치 채지 못할 때
안개는 낮게 더 낮게
포복하고 있었다
길이 있어도 통과할 수 없는 길 있어
벼랑 끝을 걷듯
속도의 체감 온도는 시방 제로다

소금 밭

오면가면 칸칸이 가둔 해안선 물 아가리
쩍, 벌렸다 닫힌다
밀치고 밀리는 바다 실핏줄
형체조차 거부하는 춤사위다
제 몸 산산이 풀어
서슬퍼런 소금 등 긁어 올리는지
이 끝 저 끝 사각 틀 물 배꼽 뽀글거린다
해풍 끝에 너덜너덜 찢겨나간
어부들 뼈마디 얽힌 그물 망, 몇 천 피트 뻘 속에
가두리 양식한 상씨름인가
두건 질끈 동여 맨 곰소항 여인 서넛
헐렁한 몸빼 가랑이 사이로
알갱이만 남은 생 사각사각 밟고 섰다
땡볕 붉게 밀어 넣는 서해 늑골
고여도 썩지 않는 생
해금 내 홍건한 염전鹽田 짭짤하게 돌아든 길목

내 비린 발바닥 쓱쓱 당그래질 한다
허공 밟고 지나가는 갈매기 떼
길 없는 길 속에 길 하나 연다
함부로 목숨 툭 놓아버릴 수 없는 쇠토막의지
반짝반짝 닦은 사금파리 생
소금 밭 아낙들, 악착같이 페달을 밟는다

권태, 뱀장어스튜

나를 보았다구요?
내 생의 몸무게를 지탱해 온 그 봄날을
아신다구요?
그 아프면서 꽃피웠던 시절?
10원짜리와 50원짜리 동전 사이를 오가던
베갯머리에 박힌 자조적 목소리를 들으셨다구요?
사카린 같던 순결의 칸막이들이 무너진
세상은 요지경, 통역 모호한 텝스의 답안지처럼
뼛속 배뱅이 치는 회오리바람에 대해
심장의 수문을 열어보라구요
아, 글쎄 구부러진 길을 곧게 펼 재주를 곰처럼 부려보
라구요?
술과 기름을 좋아하는
이름조차 잊혀진 사람
팔팔 끓는 후라이팬에 장어를 산채로 튀겨먹던
그 싸가지는 거북이 등껍데기나 아무르장지 뱀이나

상어 껍질도 아작아작 씹어대는 사난 송곳니가 있다니까요
그 사내 혀 밑에는 알큼달큼
젖과 꿀이 흐르는 가나안 땅 전설이
쐐기처럼 박혀 있다니까요
발목 사슬과 귀고리는 아예 뻥 뚫린 코 고리가 되어
범죄 나라 액세서리로 향기 없는 꽃을 대신하고
주술을 베푸는 무당 같이 거짓 끈을 신주 삼아
거침없이 죄악을 끌고 다니던 사람
입술 막대기로 타의 추종을 불허한 화살기도
아, 생각나네요
오빌의 금보다 희귀한 젊은 시절 뒤돌려 차기
다단계식 위태로운 선택
생 환부에서 흘러나온 온갖 배설물
겹말에 붙들리던 키 작은 귀
찡그릴 때마다 생겨난 이마 가득 찬 잔주름과
눈 밑 굴곡을 끝까지 붙잡고 늘어지던
오래된 다크 서클
욱하는 성질 죽이지 못해 한때
누구의 生에도 도움이 되지 못하던 프롬알데히드* 탓에

마음 비타민이 상실되기도 했지만
미래를 넘본 단 한방의 만루 홈런!
백 가지 소망 중 하나는 성취되기 마련이라고
오늘이 마지막인 것처럼 살아도
찔레와 넝쿨이 수북한
그 사내의 집, 길보다 낮았던 울타리

* 포름알데히드formaldehyde : 무색의 가연성 기체. 발암물질.

격포항 2

– 섬에 피는 꽃

동진강 옆구리 한 자락 깔고 누운
서해, 비린 혓바닥 드러냈다
해수 가라앉힌 강바닥 위
물문 막고 선 허리 고부라진 아낙들
아까부터 변산반도 뱅뱅 물질한다
산새곡절 담은 물새 떼 우우 이화梨花 물어 나르는데
뻘 감은 바지락 몸
서걱서걱 캐내 담는 아낙들
시린 발 비벼댈 때마다 걸어온 길 움푹 괸다
질퍽한 외길 한 발 한 발 더듬어
옆 걸음 치는 생 잽싸게 낚아 앉힌다
캄캄한 길바닥 발버둥 칠수록
천 갈래 만 갈래 수렁인 걸 나는 예측 못했던 걸까
제대로 잡아채지 못해 이내
뻘 속에 묻혀버린 내 정강이 몇 번인가
어설픈 호미질 끝에 콕콕 찍혀 나왔다

천길 만길 뻘 속 죽고 살고 파고드는
생生, 칠흑 같은 뻘도 살아가는 소금 꽃이라고
호미자루 잡아 맨 비린 손끝
갯내 박힌 바다 덜그럭덜그럭 해 걸어 캐낸다

청동 귀 울음

적막의 옆구리 툭 치니
한 천년 극광에 젖은 경전 불쑥
불거져 나온다
유곽 안에 박제된
아홉 돌기 젖꼭지 더듬어 가면
피안의 울음 속에 고려의 한 사내가 누워 있다
세월 격랑 온몸으로 받아내었을
저 종, 얼마나 낡은 소망들이 납의를 걸쳤다 벗었을까
제 몸을 내리치면 단숨에
수천 나뭇잎들 물살로 쏟아져 내릴 것 같은
억만 가닥 청동빛 파문
진저리치며 속속 터져 나온다
산그림자 들쳐업은 종신의 둥근 엉덩이가
열리지 않는 바깥으로 사정없이 흔들어댄다
세상에 맞물려 귀가 닳은
명징한 울음소리, 진종일 비가 내린다

휘묻이*

한 생을 칭칭 감아쥔 철심
해묵은 후 벗겨낸다
장승처럼 뻣뻣한 뼈마디는
이태껏 봉인시킨 울음 탓인지 안색마저 창백하다
나이보다 후딱 늙어버린 느릅나무
배꼽 위 어둠 한 자락,
탱탱한 허벅지가 딱 그 선에서
시적인 거리를 이루는데
다 자라지 못한 거무튀튀한 몸통과
구석구석 못 박힌 암갈색 반점,
뻥 뚫린 뼛속은 바람 한 홉에도 진저리를 친다
때로 정갈한 달빛도 소태 같을 때가 있었던 걸까
더는 누울 곳 없는 뒤틀린 손, 발
언제부턴가 내 집을 오가는 사람들은
옆구리 통증으로 안면마비를 일으킨 묵은 가지의
썩은 내력을 탐닉하기 시작했다

한 때는 몸 곳곳 푸른 눈 틔워
꽃피고 열매 맺는 신록의 방 꿈꾸며 살았을
허리 꺾인 생
이른 날 햇빛 한 사발의 선회로
흉흉한 상처 가뭇없이 사라졌지만
초록 젖을 빨던 유년의 꿈이 심해어로
무궁무궁 뿌리내리지 않았다면
음지를 거슬러 오를 수 없었을 울음 길
다시, 툭툭 발가락이 터져 나온다

* 휘묻이 : 식물의 가지를 휘어 땅 속에 묻어서 뿌리를 내리게 하는 인공번식법.

수화手話

거미 똥구멍 같은 그녀 손가락이
곡예를 하듯 그물망을 펼친다
그 곁에 또 한 여자 뚫린 망에 고개를 처박고
진청색 퀭한 바다를 내려다본다
밤마다 등푸른 고래를 낚던 손가락 자수가
상처를 덮느라 배회하는 난간 교차로, 헛손질한
구멍 뚫린 시간과 실랑이 치던 중년여자들
석자 쯤 늘어진 사내의 목선 슬슬 풀어
사슬 무늬 생사 촘촘히 새겨넣는다
눈에 띈 신기루를 낚다 낮술에 취해
심연에 수놓인 그 사내의 향유고래를 방생해 버린 걸까
손 뻗쳐도 닿지 못해 허덕일 때마다 말 고리를 잡은
수난사 몇 소절 궁시렁궁시렁 허방에 홀 맺힌다
한평생 뒤집어진 문양을 다듬다 무릎에 뉘인
실밥, 투욱 분질러진 울음 몇 마디 부스러져 나온다
사활을 건 일상 얼키설키 새겨 엮어야만

제 몸에 걸 맞는 한 시대의 의복이 되는 기막힌 길
천만사 끊고 맺은 블랙홀 닫혔다 열린다
넌지시 환부를 들춰 취기 밴 생 거슬러 오르던
그녀들 손끝도 종국엔 바다가 된 걸까
고리 걸어 빼낸 생사 가닥 술술 풀어 잇댄다

육자배기
– 임실장 풍경

내장 또아리 튼 순대집 묵은 발 솥,
뜨건 입김 펄펄 쏟아낸다
읍내와 타지 사람 들앉힌 5일 구舊시장 문턱에
고추전 싸전 어물전…시세 흥정소리 허공 들쑤신다
뚝배기 휘감은 국수 몇 가닥,
곱창 안주 삼은 대포 잔에 시장기 적셔
얼큰얼큰 뒷걸음질 치는 장터사람들
해 걸린 너절한 짐 꾸려낸 걸까
좌판대 위에 올린 찍고 찍히는
풀치 갈치 간재미 생 고등어…
한 생을 접고서도 살점 하나 없이 제 맛 남기는 것들
쇠창살에 꿰어 우루루 값을 물어 올린다
골목골목 생생한 막판 떨이 잽싸게 엉겨 붙는 해거름
설핏 정월리할매 고쟁이 자락 움켜쥔
우체국 앞 생기 없는 두릅광주리 눈에 밟힌다
두릅 한 움큼 콕 찍어 덥석 건네주는 할매,

우수 얹힌 손길 내 빈 바구니 가득 덜푸덕 안겨준다
사방팔방 또아리 튼 비린 파장,
꾸러미꾸러미 한 태산 걸머지고 나온다

간재미를 먹으며

소금 막장에서 마악 하루를 건져 올린
사내 서넛 술타령을 한다
광어, 주꾸미, 간재미, 멍게
겨자가루에 말아 올린 생 휘영청 씹어 삼킨다
느닷없는 매미*로 가두리양식장 박살나
사는 게 사는 것이 아니라고, 막장 품삯으론
서울 모 대학 법대 졸업반인 장남 끝내
마무리 못 시키고 말겠다고 노익장은
마른 입술을 깨문다

벌컥벌컥 생사 집어삼키는
파도 턱 밑에 앉아 외양 눈도 깜박 안 하고
간재미만 씹던 칠순 노익장
다 늙은 비린 하루를 막걸리로 헹궈낸다
뻘 밟힌 어둠 속에 정박된 닻
꿈틀거리는 바다를 단숨에 맨목구멍에 밀어 넣는

중년 사내들과 노인
건너온 길 앞에서
밀치고 당기는 물결의 꽁무니를 뒤쫓았을까
헛발 디딘 달이 움찔, 중심을 잃는 순간
귓속에 고인 짜디짠 속사정 잘근잘근 씹힌다

*매미(태풍 번호: 0314 JTWC 지정 번호: 15W); 2003년 9월 12일 한반도에 상륙, 막대한 피해를 일으킴.

제2부
비망록

비망록

낯술에 취한 일상의 무늬 풀어 마침내
투망질하던 젊은 날을 방생해 버린 걸까
손끝 허덕일 때마다 뒤돌아보면
허공에 패인 늪이다
뒤집어진 무늬를 다듬다 한 덩어리 엉킨 실밥,
극한의 끝에 홀 맺힌 매듭을 만지자 불혹의 손끝에서
똬리 같은 울음 몇 마디 톡톡 터져 나온다
원색의 생사 마침내 가닥을 잡긴 잡은 걸까
중앙 어디쯤 돌아 나오다 우회전 방향을 놓쳐
매듭이 잘 풀리지 않은 기억 몇 가닥
길의 올 잡아 앉힌 블랙홀 열렸다 닫힌다
끝은 시작이라는 데 한사코
그녀가 둥글게 슬어낸 실밥을 거슬러
끝끝내 마도로스가 되었다는 사내,
주머닛돈이 쌈짓돈이라며
한 생의 누에로 변신한 그녀 손끝에 부스러기로 기대앉은

꼬이고 꾄 밴댕이 속알딱지 키드득 킥킥
올올히 풀려 나온다

파키라, 아프리카에 가다

벌써 몇 달째 기척 없는 나무 밑동에 물을 준다.
흔들어보고 꼬집어보고 전신을 통째 쓰다듬어 보지만
도통 말이 없다. 동면에서 깨어나지 못했을까.
아침에 눈을 뜨면 으레 들여다보는 커다란 화분 통은 진종일 냉기만 겉돌고 나는 홀로 목말라 흠뻑 물을 준다.

흔들어 깨워도 까딱없는 키 큰 침묵.
아프리카 어디쯤이 제 고향이라 했는데, 영영 돌아갈 수 없을 거라 했던 그곳으로 아예 길머리를 틀어버린 건지.
모래자갈에 물을 주듯 살기어린 그림자 한켠에 부질없는 기다림을 부어 놓는다.

추위에 민감한 사실을 눈치 챘지만 너의 말을 귓등으로 흘린 채 그해 겨울은 혹독하게 흘렀고 또 나는 어리석게 봄눈을 기다리며 벙어리 냉가슴으로 물을 준다.

돌이켜 보건데, 꼬여버린 생의 절반은 주인의 손길 외면당해 입술마저 파랗게 질린 지 꽤 오래였다. 내 집을 찾아온 손님들 중 반은 죽음이라 이름하였고 그 절반은 새순 돋는 진통이라 고집했다.

나와 파키라, 파키라와 아프리카의 숲에 대하여 꽃샘추위 다 지날 때까지 귀엣말로 속닥거렸다. 그 겨울날 내지른 비명에 대하여 혹은 먼 나라 숲이 된 썩은 밑동에 대하여 나비, 나비, 나방 거렸다.

전신 뒤틀린 무심함의 毒을 논하며.

길 뒤의 길

등짐을 감당 못한 짐차들
느릿느릿 해를 몰고 간다
시간을 매단 퀵 서비스가 은륜 사이로
제 몸을 꾸깃꾸깃 밀어넣는다
브레이크가 걸리지 않는 길 밖의 풍경

편도 2차선 한복판에 누군가 납작 엎드려
늘어선 눈초리에 못 박혀 울고 섰다
밑 빠진 시간을 갓길에 떠밀어 놓고
단단한 어둠 속에서 "시펄놈들" 치고받는 육두문자
저마다 손을 뻗어 우는 여자에게 핏대를 올린다

헝클어진 길을 질주하는 또 다른 바퀴들,
중심 없이 빠르게 돌다가는
소용돌이에 영 말려들기 십상인데
어느 곳 향해 절규하듯 줄행랑을 치는가

속도의 고삐에 매여 악다구니를 퍼붓는 숨 가쁜
사람들, 저주의 쌍욕을 달고
암호를 풀듯 웅성거리는 길 뒤의 길
과속 방지턱에 철거덕 발이 차인다

어머니 몸 속에 누인 항아리

1.

곰삭힌 생, 젓갈로 누웠다. 푹 삭힐 대로 삭혀 우려낸 짜디짠 젓국물 체 내린다. 비린 물 퍼담아 우려낸 진국은 순전히 빠져린 생 몫이었을까. 닳아 형상만 남은 어머니의 애간장 박힌 손, 주름이 많은 생선포처럼 잔물결 친다. 일생 삼킬 수도 뱉어낼 수도 없는 옹이와 간기 맺힌 숟가락들 처억 내걸렸다. 전생과 후생이 통째 삭아야만 둥근 두레밥상마다 무궁한 꽃 피우는 걸까. 가끔 식솔들의 썩지 않은 우울 곧이곧대로 드러난 탓에 재갈을 물리듯 주둥이를 틀어막은 항아리 밑자락은 유독 그늘이 깊다. 끝내 묵히지 못한 맘 탓에 울타리 정성 빗나갈 때 사방 연속무늬로 난동을 부리던 징그러운 구더기 흔적, 물 빠질 구멍조차 없던 생의 편린들 서까래를 덮친다.

2.

용마루 어그러진 기왓장 등에 지고 난생처음 이사 가던

날, 우물 같은 어머니 젖가슴을 훔쳐보았어. 칼바람 불어도 끄떡없던 두터운 보호막. 갑피 같은 집. 762의 2번지 통나무이층집은 호랑이 굴, 여우 굴, 30여 년 보릿고개 아버지 호올로 등져 나르던 외길 문서였지. 허리를 활처럼 휘어 공방바닥에 생살무늬를 깁던 연꽃문살. 아버지 등에 꽂힌 배반의 비수는 고리대금업자였던 내 친구의 아버지였어. 그는 잘 만들어진 도끼였지. 날이 선 도끼는 제멋대로 날아다녔어. 뿌리가 약해진 기둥, 먼지 낀 툇마루에 걸터앉은 젊은 날 울아버지 초상화 한 점.

3.

골 깊은 태반 찢고 나간 새끼들 패스트푸드 입맛에 속속 길들어 눕는 게으른 일상. 뒷골목을 누비던 고린내 나는 생사 다독여 어머니 손길 따라 조금씩 간을 맞춰나간다. 일손을 놓쳐 거리를 배회한 오라비들의 곡진 무늬를 항아리마다 들앉혀 삭여낸 짭조름한 생 비린 맛 푹 발효는 되었을까. 온몸 피돌기로 발효되는 순간까지 뛰쳐나오지 못한 따끔따끔한 통한의 속 저림. 사철 젓갈 내 밴 비릿한 울어머니 행주치마 눈물 몇 소금꽃 핀다. 일생 바투 잡아 우린 크고 작은 독 웅웅거리는 뒷마당, 용수* 걸친 비릿한 어머니 몸속엔 시방 뼈째 녹은 액젓 항아리 수북하다.

* 용수 : 술이나 장 따위를 거르는 데 쓰이는 기구.

절규

불임한 세월 보듬어 단정히 밟아오다
실족된 그녀의 신발,
15층 밑바닥을 향해 불현듯
투신시킬 물음이 무엇이었을까
어떤 굽 높은 발이 그녀 생의 아킬레스건을
단숨에 움츠려들게 한 건지
103동 외벽 그림자 유독 꼬리가 길다

-천길 벼랑을 넘어다보는 사람은 신발의 전언을
 단정히 끌어 모으는 버릇이 있긴 있다는데…

익숙하고 달디단 길만 골라 건너던 그녀에게
어느 썩지 않은 우울이 몰고 온 치사량일까
품이 헐렁한 옷자락은 회오리바람을 핥고
놀래 맨발로 뛰쳐나온 유리창은 이내 고요하고
마음을 긁힌 뼈들은 비루에 잠겼다 몇 번인가

긴급후송 된 경적소리 허공을 찢는다
시간은 만물의 대변자라는데
급히 흐르는 물살같이
찰나에 요절낼 일이 무엇이었던지
미처 손닿지 못한 길 밖, 안개 자욱하다

봄, 나무

묵은 가지마다 주먹만큼씩 꽃 핀
울 안 수수꽃다리 한 그루 섰다
꽃보다 진한 토방 위 꽃술 흥건하다
돌이켜보면, 앞마당 가득 어머니의 해묵은 정성
늘 기름지게 터져 나온 것만은 아니다
땅 속 깊은 우물을 펌프질하며
북풍한설도 모질게 감내하던 수많은 잔설가지
삼십 년 마당 깊은 손질 출렁거린다
몸이 말을 듣지 않는
어느 해 뿌리 깊은 목마름도
천만 배나 무거운 비의 낙뢰도
옹이 박힌 나무 둥지를 드나들며 알았다
가지에서 가지 끝으로 잇닿아
손 뻗치면 금세 서로 닿을 듯한 한 치 거리
한 겨울 잠시 길 떠나 잊고 살았던
그 나무와 어머니, 분갈이 화초…

겨우내 서로 눈빛만 살피더니
햇살에 제 몸 쪼인 울음 봉긋, 한 입술 달싹인다
일순 처마 끝 살얼음 쩍 쩌억 기지개 켠다
벌레 먹힌 고비 수차 받아낸 수수꽃다리가
뿌리에서 우듬지로 끌어올린 물동이를
새파란 가지마다 성큼 이동 중이다

아버지의 의자

수십 년 묵은 버팀목,
울 안 수수꽃다리 둥지 앞에
아버지 등 굽은 S자 나무의자 길게 누웠다
찢긴 무릎 덕지덕지 짜깁기한
나무옷섶 곳곳 쇠못 엮인 사슬무늬는
아버지의 그림자였을까
삐뚜름하게 주저앉은
마당 깊은 의자
식솔들 젖은 등 기대 앉힌
뿌리 깊은 못 우수수 헐어 내린다
보호해야 할 그 무엇의 안착을 위해
변두리 시간 속에 몸을 낮추던 당신
다 늙도록 한곳에 못 박아둔 울음은
멍에일까 흔적일까
장구한 세월 버텨 낸 쇠심줄 같던 다리
어그러진 사각아귀 잡아 나는

다시, 마당 깊게 들앉힌다.

폴라로이드 1

투시된 세상, 수시 전도되었다 어룽어룽 초점 상실한 통로 애초에 수습해야 했을까 가시처럼 뾰족하고 예민한 절경만 바라보았을 예감의 행위. 그 사각 모서리 속 허리 굽은 이웃한 나무 등뼈나 일그러진 기형의 돌무더기 품은 낯선 행인, 꼼짝없이 초고속 복사물로 찍혀 나왔다

그것은 몇 억 광년 달려와 박힌 또 다른 발광의 잔영殘影이었을, 되돌릴 수 없는 찰나적 흑백 쌍곡선이랄까 등 푸른 물고기애드벌룬 펄펄 뛰노는 지리산 쌍계사 자락, 봄 눈 찍힌 육과 영 수시 현상시킨다 느닷없이 휘잉 허공 휘젓는 벌떼무리 내 가시적 주변 일시에 차단시킨다 최대한 초점 응시한 긴장된 일각 때로 우 흐트러트린다 대웅전 목각 탱화에 실눈 뜬 노부부, 천리향 에워싼 석등 아래 굽은 등 토닥토닥 삭혀 절 다리 건너간다 패이고 뒤틀린 음양 가끔 어루만지는가 사방천지 욱신욱신한 사람들 목화木花 등걸에 한참씩 매달려 찰카닥찰카닥 찍힌다 천

길 만길 엇갈린 흑백통로 닫혔다 열리고 열렸다 닫혔다 때마다 다소 허구렁에 빠진 生 단박에 봉착되었을까 채본된 도해*의 삶, 소생되었을까 죽로작설차竹露雀舌茶에 취기 밴 행인, 고로쇠 진액 묻혀 초고속 억조창생 길로 차르르르 빨려 들어가는 폴라로이드! 굴절된 윤곽 들춰 나온다 흑백파노라마 복사된 내 피사체 끌어안고 일주문 훽 넘어선 순간 사람들, 아슬아슬 휘어진 길 껴안고 찰칵 찰칵 찍혀 나왔다

* 도해 : 그림으로 풀어놓은 설명.

지금은 가스 점검 중

너트를 조금만 조여주세요
저절로 풀린 시간의 나사를 힘껏 붙잡아 매야겠네요
자칫 요리가 덜 된 독한 말들이나
양념에 범벅된 국물 튕겨 나올까봐 주춤거려지나요?
에돌아 온 길의 경사가 어떤 각을 세웠는지
한숨을 끓여 마시던 불필요한 자존自存을 당신은
시시비비 점검 중이군요
오른 쪽 귀와 왼쪽 귀의 설익은 속닥거림,
혈기와 순종을 팔고 산 손발들 흔적이
활동사진처럼 계량기에 찍혀 휙 나를 밀치네요
일생 쉬지 않고 헐떡이던 빠름의 과부하와
불필요한 먼지를 구석구석 점검하긴 한 건가요?
마모된 내부가 일부 검침되면
감전되듯 저릿한 전류에 끌려 다니던
격정의 한 때를 저라도 기꺼이 청구하겠습니다
이도 저도 아닌 지극히 사소한 것들이 모여

생활근심 참혹하게 펄펄 끓더라도 아, 아
다시 한번 후욱 불꽃을 토해내고 싶습니다
뜨겁고 차가운 생 어루만지며.

치매

자물쇠 뒤에 기대
늘 배가 고프다던 아랫집 할머니,
기억 안쪽에 반 남은 풍경을 쥔
가난한 허기가 문고리를 흔든다
—야이년아나밥언제줄겨입안에씹히는게아무것도없잖여
평생도둑고양이로살믄서네년만배터지게살코기씹을겨?
그날, 휘둥그런 눈으로 고함을 치다
손톱 툭툭 부러지던 바람의 칼 친 소리
간간히 틀니 뺀 목울음
앞마당 쇠스랑에 걸려 넘어졌다
가끔은 시집간 외딸이 마루턱에 떠돌이 개처럼
앉았다 사라지고
폭설이 푹푹 할머니 앞이마를 적셔도
기다림의 허기를 가둔 문고리엔
한 순갈의 살얼음만 엉겨 붙을 뿐
도통, 여새기는 손발이 사라진 마당 깊은 집

—돌나물캐러얼릉저산너머가야혀아야야허기져못살것다

망백望百의 갓길에 누워

위태롭게 부유하던 아랫집 할머니

사방팔방 진눈깨비 흩뿌리는 날

꽃가마 타고 넘실넘실 외출을 한다

봄은 저만치 건너오고

폴라로이드 2

하동 중간머리 쌍계사 길목에
노오란 산수유 훙건하고요
뒤란 장독대에 백목련 한 무더기 민낯으로 숨었네요
아따, 이쯤 밀치고 밀리면 돌아도 갈 법한데
무슨 낡아빠진 폐선처럼 도로 밑바닥에 납작
끝 모르고 내려앉은 검푸른 바퀴들
오메, 저기 좀 봐!
매화마을 하늘하늘 손짓하는데
오종종 키 작은 담장 너머
홍매화 쌍쌍이 눈짓 후려 가며 출렁이고
살구나무 훤한 뜰
크윽 큭 애써 참는 웃음소리 들리네요

나를 태우고 왔던 동글동글한 첫 햇살 따라
잠시 눈을 감아보았습니다
내 몸에 찰싹 달라붙은 여문 향기 한 잎씩 따다

그만 길을 잃고 말았는데
저 꽃 무덤이 슬그머니 나를 밟고 지나갑니다
인생사 초록몽이요 화무십일홍이라
바람에 백발을 휘날리며 길 한 자락 건너던 노부부
끌끌 혀끝 차다 지팡이 땅땅 내리치는데 아 글쎄
그 지팡이 곳곳 더덕더덕 꽃 무덤 피었네요

보이지 않는 바람 혓바닥이 목덜미를 핥는
한나절 몸살이 우리들 욕망이었을까요
여보시게, 젊은이! 암만 바빠도 거시기
꽃은 보고 가야 안 허것는가 잉
한 컷의 사진기를 건네받으며
청춘들은 자꾸 딴청을 피워 쌌고
노인은 과거로 전송된 잘려나간 그림자를
애써 주저앉히기 바쁘네요

꽃송이 자지러진 길을 꺾어 도는 노부부가
걸음을 멈출 때마다 은근슬쩍 회춘回春이 보이고요
맹신 같은 희망이 그의 구겨진 표정을 펴주는데
오메, 눈 가리고 머릿 속의 불멸을 찾아가는

저 잰 걸음을 보시게
노인의 속눈썹 끝에서 사막 같은
마른 꽃 얼룩을 찔끔, 엿보고 말았습니다
짙은 향기에 코를 내 맡기고 쪽쪽 핥다
휘어진 산수유 꽃가지 흔들며
한 사람 건너 또 한 사람 스쳐가네요

몇 개의 만남과 몇 번의 중력에 참았던 욕망을 방류한
아담과 이브의 연가처럼 잠시
머물다 휘돌아 나온 세월 길.
급소를 후려치며 후발하는 순수 맹독성이었을까요?
'꽃밭을 밟지 마시오'
향기 속에 숨은 부패의 경고문 개선장군처럼 내걸린
꽃 난장 아래 엉거주춤 앉아 화사하게 찍어대는
저 폴라로이드 풍광!

향나무 경전

수령 460년을 이고 진 둥근 뿌리가
몸 속 허공을 기워간다

제 뼈와 살을 빚어 서까래를 올렸을까
하늘을 이엉으로 받든
실록의 열린 방 칸칸이 들여다본다
수많은 자손을 업어 키운 둥글 넙적한 등짝
설핏, 접질린 두 가지 장강漿腔 틈새를 뚫고
용트림하는 혈기 아직도 왕성하다
허물어진 흙벽만 남겨둔 앞마당 폐가를 훔쳐보다
바람 드나들던 옹이 맺힌 나이테를
다복 품어보기도 하는 곳
우람한 동맥을 짚어가다 보면
수백 가지로 나눠진 노거수가
창창히 말하는 까닭에 아연, 숙연해 진다는 것인데
해마다 소문만 무성해 이쯤 여색이다

성큼 비껴간 건널목이기도 한 걸까
균형을 잃은 시간 우루루 몰고 들어온 저 아우성!
욕심을 내지 않으면 존경을 부르는 법
뒤따라 온 어둠이 휘어진 등골 사이를 넘본다
상처 입은 뿌리목 부근에 싹이 돋은
풍경 뒤의 풍경, 허공에 길을 낸다

이데아

아버지와 친구들,
그 친구의 또 다른 친구 몇몇
토요일 오후 3시 안부 인사를 건넨다
동거동락하던 세월 타령도 잠시
화려하게 전복된 세상을 아랫목에 묻어두고
쌀가게 이씨는 안절부절,
어물전 박씨는 불안해 울먹,
마쟁이 김씨는 치켜뜬 눈매를 애써 훔쳐
콧소리로 흥얼흥얼 밀쳐놓지만
누구도 바닥에 깔린 화투의 가시 세계를
선불리 뒤집어 확인하지 못한다
시시각각 눈칫밥 먹이는 쥔 아낙의 헛기침 솎아
후다닥 가래를 타는 울아버지, 암만해도
절대절명의 묘수는 없어 보였다
그때, 선불리 제 색깔을 보여주지 않던
하루 피박을 나는 몰래 훔쳐보았다

각각 어깨에 보기 좋게 걸터앉은 웃음과
끝내 가상의 부표에 떠밀려
땅거미로 내려앉던 울아버지 느릿한
해거름 표정

결

날카로운 톱날로 생살을 가른 목질 속에 수많은 결 누워있다 결은 곧 길이란 사실을 내 아버지가 가르쳐주었다 목가구를 다듬는 아버지 손은 밀가루를 반죽하듯 톱밥을 주무르던 어머니 손과 나란했다 역류하는 물살은 어딘가에 고여 썩기 마련이라고, 하여 지혜로운 길은 결을 따라 건너는 강이라 아버지는 이름했다

다른 길 찾아 건너가라 눈에 불을 켜고 조져도 비껴가지 않는 자식의 오른 손에 톱과 대패 자루를 쥐어 준다는 것은 몸 곳곳 옹이 박힌 옻나무를 건네주는 것과 같아 간 떨어지는 소리 들린다 했던 당신. 껄끄러운 목질을 사포 친다는 것은 마음을 다듬는 것과 같았을까 한 길로 건너지 못하면 이 빠진 칼을 휘두르는 것과 다를 바 없다고 녹슨 연장을 매매 닦아 건네주던 손.

망치, 송곳, 줄자, 끌… 각각 제 역할이 있어 아무 곳에

서나 예리한 연장을 풀어 들이대는 버릇은 내일을 망치기 십상이라던 언어의 결 누웠다 마음을 갈고 닦지 않은 몸은 한낱 짐승일 뿐이라던 아버지, 아침이 가고 저녁이 와도 녹슨 대패 날을 갈아 반듯한 길을 냈다 최후의 만찬, 그해 그날 그때에 이르러서까지 한 결로.

냉장고

언제부터 열려 있었던 걸까
13시 09분
반쯤 열린 문틈 새로
싸늘한 형광 불빛 혓바닥을 밀고 나온다
희고 선명한 계란 몇 알
톡톡톡 발등 후려친다
내 열 손가락 따라 몽땅 흐느끼는
생, 살긴 살아있었을까
때때로 누구도 예기치 못한
살 썩는 내 뒤집어 씌고
얼어붙은 내장 속에 웅크려 있거나
결빙되기도 했을 일상
종종 입도 뻥긋하지 않는 너는
가슴조차 시리겠다
나와 너의 거리는 한두 걸음에 불과,
시한부 통보 받은 목숨들

누렷누렷한 관자놀이 팔딱이며
비장하게 나를 노려보고 섰다
이미 팔다리 꽁꽁 얼어붙은 생각들 딱딱하게 못 박힌
이 쪽과 저 쪽의 경계
계산이 서지 않는 수천 수억 여닫음과
일년 365일 내내 220볼트 콘센트 전생의 업으로 끼고 살아온
소리 없는 아우성 들린다

살 수 있다는 것
살아 있다는 것
살아갈 수 있다는 것

맨 아래 층 야채 상자를 열어
한 커플씩 랩 포장된 안 유심히 살핀다
간신히 허방에 흩어진 온기 들여다본다
스펀지처럼 축 처진 습기

저온 탈색되어 빳빳하게 누운 냉혈한 안색
누가, 안과 밖

이토록 단단히 봉합해 밀폐시켜 놓은 걸까
나는 분명 범죄의 주범!
삐걱거리는 지친 시간 속에
온기 싸늘하게 집어삼킨 딱딱한 인기척 애써 외면한다
도통 내팽개쳐진 채 경계 넘나드는
습관 된 통로
혹독한 진술에 맞닥뜨리며
등뒤로 시퍼렇게 변형되어 가는
저 알, 알들의 비명
쥐 죽은 듯 고요를 가장한 전천후
무슨 일 있었나요?

간판에 내걸린 증명사진

원조 닭갈비, 원조 한식, 원조 갈비, 원조 전주비빔밥, 원조 어묵, 원조 막국수, 원조 평양냉면, 원조 수선, 원조 머리방, 원조 커튼, 원조 철물, 원조 순두부, 원조 바지락죽, 원조 막걸리, 원조 참죽, 원조간장, 원조 해물짜장, 원조 중화반점, 원조 포목, 원조 찐빵, 원조 한우, 원조 순대, 원조 욕쟁이, 최고 원조, 원조 충무김밥, 원조 감자탕, 원조…

신용산역 4번 출구 전자 상가 근교에 도배된 원조 입간판
저렴한 맛 휘감친 번화가는 시방 난민 수용소다
다닥다닥 달라붙은 판자촌이랄까
빼곡한 건물을 붙들고 서있는 연재 만화방 같은
옥외 간판들, 현기증이 피잉 돈다

양팔을 휘둘러 발길을 불러 모으는 슈퍼 바겐세일

풍선인형, 트위스트 춤사위가 한창인 오후 4시
스칠 듯 말 듯 위로 매달린 돌출형 입간판,
도보를 가로막는다

제멋대로 휘갈겨 쓴
'똥값처분' '졸라빨라 인터넷'
'흥분되는 세일' '란제리 오르가즘 쎄일' 난삽한 문구
몇 달 버티지 못한 창업 문
튀는 놈 위에 나는 놈 있어
행인들 발목 한 키에 확확 부여잡기 바쁘다
지상파 방송 출연 경력증명서
신종 라디오에서 흘러나오는 정오의 데이트
원색의 조명 지루박에 미친다

제3부
재즈

재즈

밤이 대낮 같아 고요가 없는
길, 켜켜이 쌓인 마음의 질병을 껴안고
깊은 베이스 기타로 반주를 깐
낡고 즉흥적인 재즈가 대합실 가득 울려퍼진다
더러는 대형전광판 앞에 몰려
일체의 소식 없던 시화호의 저어새떼 안부를 뒤로
비틀즈와 마이클 잭슨을 흥얼거린다
채널을 바꿀 때마다 이어폰 낀 귓가에 띄엄띄엄
말죽거리 잔혹사를 들춰 속삭이는 사건 25시!
7호선 지하 통로를 막 빠져나와
하행선 고속 막차를 기다리는 내 시선은
지극히 모던한 렌즈였을까
밤이 깊을수록 수수 많은 입간판 이미지가 난산을 거듭
한다
폐업이 임박한 점포들 슬슬 비집고 드는
'축 개업' 허수아비 바람풍선

칼춤 추는 숯불고기 집 너스레가 뒷골목을 흔든다
대체 무엇을 사랑하고 배우는 걸까
꼴리는 대로 살 수 없어 오늘도
메모리 수첩을 잠든 시계 옆에 누인다

과녁

칼바람 빙판 위로 날아와 꽂힌다
내 무릎 위에 꽂힌 화살촉마다 쩌억 쩍 실금을 친다
살 오른 물방울 천지에 맺힐 때마다
둥근 물기둥이 나무 중심에 우뚝 선다
헐벗은 가지 겹겹 살 부비며 푸욱 고개 떨칠 때
비탈진 나무는 기꺼이 흙의 중심에 뿌리를 내어준 것일까
텃새 한 마리 푸두둥 날아와 부리를 털자
이내 한 점 길로 눕는 핏빛 냉기 후둑 후두둑
우주 복판 위로 백발백중이다
딱딱한 부리의 새들이 나무등살을 힘껏 쪼아대는 까닭은
명중시켜야 할 제 지상목표가 숨어 있다는 반증이다
위로 솟았다 내려앉아야 할 과녁을 기꺼이
주시했다는 눈물겨운 노래다
풀빵장사 어미를 등지고 선술집 늙은 아낙네 토방에 꽂힌
기행오라비의 싸매지 못한 상처
비문이 되어 남원 의료원 영안실 정문에 박힌다

굵고도 짧은 버팀목으로 산다는 게 절절한 목숨이어서
단 한 발의 살빛도 외벽으로 물러설 수 없던
찔레밭 길
하나를 버리면 하나를 얻는 관용과 지혜를
나무들은 간파했던 것일까
웅숭깊은 냉골 속 소나무옹이에 내 두 귀를 내어준다
반쯤 어깨 기울어져 찢긴 몇몇 가지와 사유,
푸르고 동그란 문양 울컥 그 근원에 잇닿는다
미친 바람조차 수목을 표적 삼았을까
꽃 진 자리 위에 손을 얹으면 피잉 피가 도는
문장, 명중시켜야 할 화살촉은
항시 시간의 중심 위에 섰다

늦은 가을날

이십여 년 만에 처음 만난
그녀, 가슴 한쪽이 절단 나 있었다

겨드랑이의 임파선淋巴腺이
불안해 보이던 신음 온전히 절개한 것일까
힐끗 뒤태를 둘러보는 그녀 몸이
새처럼 가벼워 보였다
너무 급하게 강을 건너온 탓인지
습관성 유산과 불임한 세월의 각진 언어
삐뚤빼뚤 줄지어 걸어나왔다
거세당한 몸 뿌리에
시선이 가 닿을 때마다 나조차
가슴께에 박힌 지난한 안부를 엿봤을까
먼 길 에돌아온 그녀의 헛헛한 웃음의 뒤태가 어지러웠다
숟가락질이 서툰 식구들과
시종 여흥을 낚시질하는 느슨한 사내 들락거렸다

홀로서기를 거부한 사내 아랫도리에서는
늘 대처의 썩은 갯내가 흥건했노라
애써 기억을 도려냈다
그 아뜩한 시간, 둘이서 마주앉아 한참을 저물었다
오는 길도 가는 길도 일방통행은 없다던 그녀
더는 생살 헤집어 낼 수 없어 서둘러
제 몸을 길로 누인 것인지
수척한 마음가닥 잽싸게 훔쳐 손을 흔든다
건널목에 서서

뻘, 유리流離골목

후미진 골목 옆구리 열고
통 유리벽 기대앉은 우렁이 새끼들을 만났다
일렬종대 입간판 든 입술 몇
사각 실루엣 조명등 훔치고 있었다
도시 광기 틈틈이 유인하는 긴 속눈썹과
빨간 립스틱 깨무는 인간마네킹 관통해
연분홍 유리창 후끈 적신 형광불빛
몸. 에. 피. 는. 꽃
–"오빠, 들어오세요"
–로즈, 라라, 로라, 수지…
휘모리장단에 반쯤 기울어진 어깨들 서성였다
몹쓸 병에 걸려 귀화하지 못한
일그러진 구두 서걱서걱 들락거릴 때마다
수심 가득한 긴 손가락들 잽싸게 어둠을 낚아챘다
너 있고 나 없는 나 있고 너만 남은
교태 밴 네온거리 물어뜯는 간유리 속

숱한 약속들, 스쳐간 生 파편쪼가리 발톱을 세웠다
사내들의 지린내 흥건한 뒷골목
근수 한 점 없는 누이들 하루살이 웃어도 염분인지
밤새 게 걸음 친 뻘 구멍 도시를 할퀴었다

날개달린 고양이

수배당한 고양이가 골목을 누벼요
희고 검은 털과 발톱을 가진 날렵한 놈이지요
이름이 무엇인지, 어디에서 흘러왔는지
당체 기억이 나지 않지만요,
기름진 털을 곤두세우고
장미아파트를 들락거리는 고 앙큼한 눈이라니
담보대출로 키가 낮은 오래된 주택을
제 집처럼 영민하게 넘나든 지 꽤 오래지요
편도 2차선 차도를 건너 빠리 바게트를 에돌아
현대아파트 희붐한 담 위에 도사리고 앉았네요
다듬어지지 않은 발톱을 목격한 사람들은
육식만 고집한 탓에
달콤한 생은 꿈도 꾸지 못한다고
발이 빠른 유전자를 의심하곤 한다는 데요
옆집 생달이 엄마는 발톱 자국을 보며
샤를 페로의 장화 신은 고양이를 상상해요

키득키득 하루해가 뒤바뀌기도 전
무이자 담보대출 무산, 과속 과태료 비보가 날아드네요
고양이와 나, 나와 고양이
가난한 옷걸이에 살인적 죽음이 걸려있지만
양면의 날에 다칠 수 없어 그까짓 것
영민한 걸음으로 담을 날아오릅니다
맨바닥에 납작 배를 깔고

길 위에서 길을 묻는다

분주한 발바닥 서둘러 빠져나간다
동시신호 내 걸린 우회전 거부당한 사거리
수많은 손과 발 뒤엉켰다 우루루 풀어진다
깜박 한눈팔다 순환도로를 놓친 그랜저가
고성을 빽빽 내지른다
뒤따라온 뉴-체어맨 급제동에 와장창
뒤가 밀린다
길이 넓을수록, 넓고 클수록
너나없이 점점 어두워지는 한 치 앞
가벼운 짐이 무거운 짐을 추월하고
되돌아가고 싶어도 되돌아갈 수 없는
막막한 직진의 생
쫓고 쫓기는 바퀴들 바싹 따라 붙어
가까스로 백반 한 끼 찾아 먹는 저녁
해는 기울어가고

시력

낱낱이 수신호가 오간다
문자와 문자 사이를 휙휙 가로막는다
언제부턴가 한 치 앞조차 뿌우옇게 보여
두 눈을 헹궈내도 길은 질퍽거렸다
눈을 뜨고도 초점 없이 흔들리는 길
연초록 봄눈을 갖고 싶었다
처방이 시급했다
마음은 길을 따라잡지 못하고
자꾸 발밑으로 구겨지는 편도 2차선,
새 안경의 도수를 맞춘다
더듬어 건넌 어둠 저편의 눈뜬 활자
돌이켜 보면, 밖으로 향한 창窓 하나씩 닫힐 때마다
길은 열려 있어도 무시로
길은 온팡 어두웠다

이빨 빠진 맨홀이 몸의 중심을 뒤흔든다

속도에 위배된 마음만 바빴을까
어쩌면 막다른 길 끝에 퍼질러 앉아
내가 보고도 못 본 건지 몰라
시간의 경계
눈알 빨개지도록 한눈팔다 처방전을 잃었을지도.
살얼음 깨운 바람 탱탱한
햇살, 수만 갈래 유폐된 이전 길들
벗겨내고 있다

누에의 집

허리 굽은 등, 꿈틀댄다
바지런히 타래 감아 허연 기와 얹는다
목이 바싹 마르던 제 몸 박 무게 감당 못한 걸까
때로 휜 허리 움켜쥐고
삐그덕 삐그덕 만삭된 보폭 질겅거리는
위기의 중년 사내
20여 년 실꾸리 칭칭 감아 잇댄 백발의 기상
천길 만길 비단 삶 풀어 누에의 집 세운다

(제몸의만이천배쯤되는생사엮어울안감싸고
서까래가득실핏줄새긴한사내목숨태워실크로드건넌다)

빈 항아리 속에 훔쳐 담던 수심 인화시킨 생사 실가닥
춘궁기 같은 바람찬 옆구리 풀어 감는다
구겨진 명함 하나 건네지 못해 허겁지겁
수취인 부재로 되돌아온 넝마의 길

헛디딘 발바닥 이력을 풀어낸다
의복의 명예는 잃어도 꿈조차 잃을 순 없었던 걸까
격랑 치는 사각 고샅길 두렵지 않다고
생사 역류하는 물길 빗질해 저물도록
제 살점 베듯 입으로 실을 뽑는 사내,
소갈머리 없던 밑바닥 닦아 위풍당당
밤새 허연 기와 얹는다

신발

먼 길 에돌아 나온 발들
지친 어깨 기대앉았다

신발장 속에는
이미 세상에 길들어 굽이 닳은 발들
제멋대로 삐딱하게 돌아누웠다
끈 풀린 운동화, 창 없는 단화, 뒤축 무너진 힐…
들켜버린 안부 한 무더기 쏟아진다
문수도 모를 추억은 먼지처럼 일어나
조목조목 길을 놓는다
한때 헛발 디뎌 꿰맨 몰골을 만지자
굽 높은 뒤축에 매달려 이 길 저 길
유랑하던 내 발자국 행로 찍혀 나온다
가파른 능선 오르내리다 욕창이 난
전신, 안으로 박힌 가시밭 흠결과
장마 끝에 젖어 부르튼 습한 발등에 유약을 바른다

누군가를 위한다는 건
일생 제 한 몸 내려놓는다는 것인데
아직 접붙이고, 박음질해
보듬어야 할 먼 길 남아있었던 걸까
한 켤레도 내다버리지 못해 진종일
신발 속에 군살 박힌 나만 닦아내고 있다

건반 속의 여자

경사가 급한 계단을 홀로
전력 질주한 적이 있다
음울하게 몰려 앉은 한 때의 침울함을
정면 돌파해 힘껏 밀쳐낼수록
사방 몸에 박힌 바람구멍이 나를 들춰냈다
고장 난 라디오 비음처럼 가슴을 긁던
불협화음과 일상의 거리
한 음계 헛손질할 때마다 귓바퀴에 맴돌던
그 긴 광시곡狂詩曲 무겁게 뒤쫓아왔다
미끄러지지 않으려 안간 힘을 쓸 때마다
생 한복판에서 들이대던 박수소리,
뒤숭숭한 습관 되새김질한 비대층 화음 절뚝거렸다
급경사진 계곡과 칼바람 치던 말
저마다 울림과 셈여림은 달라도
쫓는 일과 좇는 일을 곱씹다 끝내
맨발로 가 닿을 수밖에 없는 막다른 골목에 쭈뼛 섰다

숨 막히게 쌩쌩 생 에돌아 온 탓일까
반음씩 내려앉아도 헛손질하는 공수空手

0215* 바람무늬

태풍 루사가 지나간 자리, 뒤 베란다
통유리창이 와장창 내려앉았다.
비바람을 막아 주던 통 큰 창
그 언저리, 어쩌다 눈치 채지 못하고 건너다녔을까.
피가 나지 않아 다행이라며 무게도 없이
8월 땡볕은 셔터를 누른다.
마른 장작개비 같은 유리벽의
파열음 내팽개쳐진다.
물 바랜 세간살이 변두리로 옮기듯
아이들을 불러 모아 함지박 가득
금이 간 햇살을 퍼부어 이주 시킨다.
길이 길될 수 없는 어정쩡 뜯긴 허공
진창 만창된 상처의 입구를 봉쇄해야 할까.
고민에 빠진 관리실 아저씨는 아까부터
생살 통째 찢긴 유리된 의문 부지런히 쓸어 담고
새로 길을 내기 시작한다.

밑바닥 쩍쩍 갈라터진 입 큰 생채기,
부스스 반사의 몸을 일으킨다.
상처의 치유는 정점에서 시작되는 것일까.
깨진 문틀에 박힌 무수한 파편
낭창, 쪼개진 일상을 주워 담는다.

* 태풍 루사RUSA (태풍 번호 0215, JTWC 지정 번호 21W) : 북서태평양에서 발생한 15번째 태풍.

지금은 공사 중

맘먹고 나선 길, 불도저 버텨 섰다
예기치 못한 외길 포浦
전망 100m마다 흉측하게 해체되었다
차선을 그리는 건지 땅을 파는 건지
위험 신호 푯대 붉게 펄럭인다

산허리 왕창 뭉개진 편도 2차 하행선도로,
좌우 수신호 따라 산명치 콱콱 찍어대는 쇠창살이
한 덩어리 붉은 피를 쏟아낸다
길은 외길,
팔다리 절단난 논밭뙈기 끌어낼 때
나는 뒤도 돌아보지 못한 채
맥없이 갓길에 밀려 서행을 한다

'속도를 줄이시오'
산산이 뜯고 넓혀 단단히 봉합한 새 포장도로

어제 통로가 오늘의 길 될 수 없었던지
버얼건 봉두난발로 누운 산 아래
굴착기들 밤새 대지를 옮긴다

바느질

허공 줄에 매달려 곡예하듯
나는 한 가닥 외길을 꿰었지
귀가 얇은 세상은 여러 개의 손으로 겹쳐지고
겹쳐진 손 사이를 아슬아슬 뛰어넘었어
이쪽 저쪽 사방 이귀 맞지 않은
시간 속 통로 가늠이나 했을까
밖으로 마음 한 조각 쓰윽 밀어 넣고
모래사막을 달려오는 동안
모진 바람에 꽃은 시들어도 종국에
향기로 남는다는 말 깜빡, 잊었는지 몰라
어느새 아이의 느낌은 사라지고 매듭마다 맺힌 불운
액땜하며 울음 길에 갇혀 있었는지도
불빛 훤해도 나는 길을 잃고 홀맺히기 일쑤지
바늘허리에 시간을 꿰다 문득 등을 치는 목청

–얘야, 축축한 냉골 바닥을 뒹구는 맨발의 이불이 되어

본 적 있니? 시린 발끝 시침해 밤낮 고해로 다독여도 입동 지하 셋방 유쾌치 못한 캄캄한 허기?

어느 길로 가고 있었던 걸까
퀴퀴한 귀퉁이를 에돌아 나온 독바늘이
손목뼈 뻣뻣한 이불 깃을 뚫고
내 심장 속으로 구불구불 뱀처럼 지나갔어
손끝에 물집이 생길 때까지
이불 귀에 나를 밀어 넣고 쥐도 새도 모르게
터진 속살을 비밀스레 꿰매고 있었던 걸까
머리부터 꼬리까지 맺히면
반드시 풀어내야 할 서럽도록 환한
바늘 길

흔들리는 페달

거리마다 형광 빛, 어둔 허리 감아 흐른다
하루 공해 게워내는 귀가 시간
일탈한 고속 주행선 현란하게 들썩거린다
지하철 통로 우루루…몰려나와 눈발 속에
쌀 튀밥처럼 흩어지던 인파들
황급히 시내버스 안으로 그림자를 밀어 올린다
시간에 붙들린 무수한 걸음들,
각기 生 입간판 들쳐 메고
어느 종착역 향해 밀려왔다 다시 쫓겨나가는 것인지
일상의 모눈을 밟는 성급한 거리로 해체된다
낯선 철새 떼 고공 비행하는 빌딩 숲 새로
쭈뼛쭈뼛 10대들 의심나는 길 묻고 섰다
무리 지어 불빛 시선 제키며 압구정동
'조폭마누라' 영상 앞에 비행하듯 앉는다
어둠에 몰린 외진 거리 시선들 포개져 엉킬 때마다
그들 등 뒤에 서성이는 생각의 짐짝, 나를 짓누른다

휘황한 도심에 삐그덕 거리는 간판들
흩어진 시선 애써 잡아당기는가
밤이 깊어질수록 떠들썩거린다
허겁지겁 끝없이 갈라진 生 이정표 따라
동결된 기류 속에 흔들리며 걷는 사람들,
순은純銀에 업혀 어디론가 서둘러 빠져나간다

상실의 시대

우뚝선도시의곪은속앓이삭아나자빠진상처투성이의길
부유속에빈곤!형체없이무너진강같은생뒷좌석에앉아
돌연어제를묻는사람들갓길에서서느닷없는죽음목도하고
토막토막잘린기억은암흑의뒤켠으로롤처럼말아진다

추락하는 새를 보았다. 날개를 펼 수 없던! 근거 없는 모호한 추측, 사내의 펼쳐진 양복 속 깨알 같은 문체 쏟아졌다. 의아한 암석 보따리 와그르르 토해낼 때마다 천천만만 무인렌즈 속 활동사진 켜켜이 출력되었다. 미궁 속에 빠져드는 길 없는 길, 피톨처럼 돌고 돌아 인화시킨 목 떨군 십자 생 목격한 걸까. 가시 박힌 속살 비집고 든 수억 개 눈동자 주저앉아 있었다. 한번 돌아 나온 길 다시 돌이킬 수 없는 까닭인가. 미완의 암 덩어리 복사시켜 진종일 발 없는 말 천 길 만 길 칼라 전송시켰다.

(공중분해된일상은쉬이통과할수없는굴레속에
자취없이감금되고공해에목잠긴하늘은토막친고기처럼
도시밑바닥에콱틀어박힌채칼바람몰아칠때마다온통핏빛이다)

이전의 생 몽땅 재생시킨 대서특필! 믿을 만한 복사인가. 문득 뿌리 없는 사해死海건너는 너와 나 굴곡진 안부 훔쳐보았다. 생중계 송전탑 가랑이 새로 상실된 내장 찢겨나간 시대의 인물 움푹 낙관된 비릿한 일상 조명되었다. 일순 오래 전 저당 잡힌 세상안부를 보았다. 누구도 면죄 받을 수 없는! 인류 간판 빽빽이 들어찬 네거리 빌딩, 무심코 내려다보았다. 침묵을 도려낸 비명 싹둑 절개된 하루 특종 광고되었다.

길, 피아노

수천 마리 열대어 우루루 풍랑을 일으킨다. 가락가락 훑고 지나가는 희고 검은 파랑. 숨죽여 음계를 밟는 길목엔 비밀문서 같은 은어들이 숨어 있다. 속속 귀담아 듣지 않으면 좀체 빠져나갈 수 없는 소리문자 간혹, 조율되지 않은 생 바싹 다가앉는다. 마디마디 팽팽한 은율 엮어야 생사고락 비로소 환히 밝혀낸다. 더러 반쯤 토라진 비브라토 가득한 生 돌아나가다 보면 삐그덕삐그덕 알 수 없는 불협화음 탓에 길을 놓치기 일쑤다. 섣불리 돌아나갈 수 없는 칼 친 회오리 풍랑친다.

끊어질 듯 끊어질 듯 길 밖 어느 곳에 잇닿았을까. 돌고 돌아가는 생, 한 치 오차 없이 음양의 오선 위에 새겨 넣은 마법 같은 현란한 인생 협곡! 어쩜 나는 가급적 투명하고 깨끗한 순발력 하나로 오르르르… 겉만 훑다 종결에 신비한 심해 투망질하기에 급급했을지 몰라. 시대의 고개 넘나든 폭풍 소나타 거침없이 쏟아 흘려보낸다. 매

순간 들쑥날쑥 물결을 낚는 손가락, 은빛 치어 파닥파닥 건져 올린다.

제4부
붉은 뼈

붉은 뼈

구절양장한 뱀사골,
바람 한 잎 손등을 핥고 지나간다
마악 숲을 빠져나온 새떼들이
구름을 제키고 허방을 열어
다 익은 바지랑대 홍시를 매만진다
뱅뱅 감꼭지 비트는 햇살 따라
계곡 안에서 까르르 터져 나오는 웃음소리
누구로부터 배달된 연서일까
비탈을 느리게 이동하다
내 귀에 박힌 철새떼 울음, 문득
허공을 올려다본다
지상에서 가장 먼 곳으로부터 떨어져 잘린
가느다란 나뭇가지, 그 끝점에 매달린다
여차하면 먼지를 몰고 다니던 바람과
썩어가는 모든 날카로운 날들에 대한 이별,
뿌리까지 훤한 가을 한 잎 덥석 끌어다 들앉힌다

흔적

옛 길 사라지고
새로 돋은 길 있었네

솔방울소리 짤랑거리는 깊고 좁은 길이었네
느닷없이 두 동강난 허리 능선
어느 누가 암호로 열어 제킨 것인지
울어머니도 모른다 했네
골목에 모여 햇살을 빵처럼 뜯어먹는
예닐곱 살 아이들의 종이꽃 향내,
눈부신 봄으로 흘러가네

황금 철모 눌러 쓴 사내들
시간의 관 뚜껑 속으로 더 빨리 걸어 들어갔네
옛 길 금세 사라지고
골프장 건설 플랜카드 내걸린 날
무쇠 팔, 무쇠 눈, 무쇠 다리

잠 속까지 따라 들어왔네

오갈 데 없는 망자의 터란게,
옛적부터 구진 생 다닥다닥 엉켜 살던 쉼터라고
어머니 씁쓸한 눈빛 이장移葬 푯말 적셨네
때로 팍팍한 목구멍에
쉰밥 밀어 넣기도 했을 집 없는
허방, 눠 눈치나 챘을까
허리 굽힐 줄 모르는 철근 꼿꼿하게 섰네

신만복사저포기*

만나지 말아야 할 사랑인 줄 알았다면
그것이 헛된 망상인 줄 알았다면
어찌 한 쌍의 원앙처럼
내일을 보듬을 수 있었을까

만나고 떠나는 것이
당연지사 잉아의 끈이라면
무모한 저포놀이라 할지라도
종국엔 건너야 할 교각임에 틀림없다

천 번의 만남으로 일획을 긋는 이생은,
영혼을 저당 잡힌 전생의 연적인 까닭에
꽃술 같은 단내도
한 바탕 자지러지게 놀다가는 풍광도
발뒤꿈치를 물어뜯긴 3월의 햇살이다

한 켤레 꽃고무신 같은 합환주가
마음에 핀 운명이라면
죽으면 죽으리란 믿음 없인 사랑도 끝장나
사랑할 수 없는 것조차 더 꼬옥 끌어안아
사랑할 수밖에 없는 축복일 수 있다

애면글면 몇 생에 흐른 인연이 침묵으로 뒤따라와도
그리움 되작이는 봄바람처럼
피고 진 꽃잎 돌아 마침내
쉴만한 물가로 인도할
사랑, 가슴애피 일렁이는 한결 사랑

* 김시습의 금오신화에 나오는 만복사저포기 소설 차용.

길 위의 무늬

외짝 신발 갓길에 패대기쳐졌다
온기를 잃은 피투성이 길
와그르르 거꾸로 처박혔다
소리를 질러도 대꾸하지 않는
캄캄한 허방 선뜩거린다
눈치 빠른 사내가 느릿한 생들을
앞질러 건넜을 뿐인데
말릴 틈도 없이
한 생이 깡통처럼 구겨졌다
깊이를 몰라 뒤척이던 새파란 불빛들
어디로 가는가 르포르타주*만 남은
아스팔트 어두운 장 속으로
수많은 바퀴들 줄행랑친다 일순
건너지 못한 봄날의 살점들 씹혀 나온다
급하게 건넌 시간의 무늬, 화인火印으로 찍힌다

* 르포르타주 : 신문 · 잡지 · 방송 등에서의 현지 보고, 또는 보고 기사.

의자

때죽나무 울울한 숲의 안쪽
풍찬노숙 죄다 끌어안은 늙은 걸상 홀로 앉았다
오다가다 기댄 누더기 등짝들
깡마른 몸뚱이 흔들어놓기 일쑤지만
어느 해 어느 시 적멸보궁에 틀어박혀 득도를 했는지
그녀 안부를 묻는 이 아무도 없다
천형을 끼고 사는 얼금뱅이 생이라도
청푸른 말 전송하는 오지랖 큰 여자
반쯤 절단난 어깨 처연히 더듬어 건넌 숲의
안쪽, 천년부피 영욕을 떨군 햇살 경전이
그녀 살점인 줄 몰랐다
나를 내려놓고 一生 정박의 뿌리에 가 닿는다는 것은
인적 끊긴 협곡을 더듬어 건너는 일보다 쉽지 않은 법,
저편에 먼저 가슴을 내미는 것도
길 위에 서서 터득한 그녀만의 비법이었을까
휘적휘적 해낭을 등져 업고 길 하나씩 지워낸다

제 홀로 풍경에 잠긴 그녀의 깊은 면벽도
한 주름 관절 끝에 내려앉기 마련인지
적막 밑바닥에 박힌 무명한 지문 와그르르 쓰러져 눕는다
무릎 뼈에 손을 얹으면
결구 끝에 삐걱대는 한 해 숨소리 등목을 친다

무등無等 가는 길

은사시나무 군무에 둘러싸인
생각의 우듬지가 사정없이 펄럭입니다
무등無等 깊은 산,
문이 열릴 때마다 억새들 속울음
비탈길로 휘몰아칩니다
거문고가 된 내 몸은
말의 언어를 몸에 맡겼습니다
목놓아 흔들리며 떠나는 것이 어찌 저들뿐이겠습니까만
칼보다 강한 문장들은 뿌리 끝에 내려앉고
흔들리는 것은 흔들리지 않는 것보다 강하다는
진리를 눈치챘는지도 모를 일입니다 그러지 않고서야
다 저문 능선을 타고
한 호흡, 한 허리로 걷는 길이 이토록 찬란할 수 있을까요
이 산 저 산
제멋대로 풀어놓은 미치광이 칼바람 헤쳐나오며
생생 비상하는 텃새들,

저들 또한 다가올 내일을 위해
기다림에 못 박혀 산다는 말 굳게 믿어집니다

맥脈

부왕 뜬 유리 캡 안에 피멍든 생 툭, 터져 나온다 속으로 곪은 어혈 끝내 우글우글 벌레처럼 기어 나오는가 온갖 바늘가시 따끔따끔 꽂힌다 고랑 파인 시일 유영하는 풀리지 않은 편린들 덜컥 불거져 나온다

해송 같은 살갗 조근조근 쪼아대던 젊은 간호사는 연한 살점 하나 없는 할매의 굽은 등허리에 연신 맺힌 어혈을 뽑아낸다

비틀어지고 휘어진 몸 안의 길로 마른 향내 수맥처럼 흐른다 한 번도 쉬어가지 못한 길 주저앉는다 발효되지 못해 상처된 독毒, 꽉 막힌 혈맥 뚫어낸다 길길이 뜸 자국만 붉게 찍힌 등걸 위로 진달래 화전 같은 생화生花 동그랗게 찍혀 나온다 쓰러지고 보듬어 안던 잘록한 시절 끝내 쏟아내는가 골수마다 아릿하게 꽂았다 다시 빼낸 뼈저린 대침, 묵은 앙금 시나브로 풀어내고 있다

틈

가라앉은 앙금 걸러 태토胎土*로 구워낼 때까지
화마에 뒤엉킨 상처 이렇듯 많았던가
적막이 씹다 쪼개놓은 시간, 흙의 혼이
이적지 어딘가를 떠돌던 날 깨우는지
빗살무늬 내력 시나브로 다듬어 훔쳐내고 보면
정수리를 탁탁 내리치는
잘못 든 길

길은 필시
먼저 건넌 발자국이 열어 제킨 것인데
무슨 말 못할 사유 새겨 으깨진 손지문을
불구덩이 속에 살라내려는 것일까
건강을 잃으면 천하를 잃는다는 말에 절망 따윈 없었지만
간혹 나를 흔들어대는 소소리바람에 못 박혀
길의 문틈에 팔다리가 끼인 적 있었다
무시로 접질린 내 맘은 개폐가 불가능했지만

하늘 우러러 가시 돋친 신경줄을 놓아버릴 때
얼마나 생이 가벼웁던지

애시당초 강을 건너는 기도문은
한 울타리 한 뜻으로 화和 한다는 것인데
어쩌면 성깔 거친 속도에 떠밀린 욕망의 분신들이
다듬기도 전 다급하게
탈피탈각을 꿈꾼 건 아닌지
무던히 건너지 못해 쪼개진 시간과 시간 속에
몸 지친 빗살무늬 얼키설키 박혀있다

* 태토胎土 : 질그릇의 밑감으로 쓰는 흙.

허물

추월산 중턱을 오르다
전생을 벗어던진 뱀의 허물을 보았다
놀라 뒷걸음질 치는 앞선 자들 비명
길 하나씩 흔들어 깨운다
정상을 올라선 지 불과 한 시간 남짓
잠시 600고지 보리암 지점에 머문 것인데
누가 몰래 숨겨둔 상처투성이 생을
길길이 짓밟아버린 것일까
한때 피터지게 뼛속까지 파고들었을지 모를
생사 이빨자국 너절하게 찢겨나온다
걷다보면 때늦은 감자의 씨눈처럼
까칠한 일상 서슬 퍼렇게 돋오를 때도 있어
허물투성이 이전 불길한 고비
남모른 비탈에 묻기도 하는 것인지
아픈 시선을 끼워 넣은 깎아지른 벼랑일수록
빳빳한 허리의 각 무장 깊어진다

가무락 조개

진창과 한 살이가 된 무릎걸음 걷다
허리 굽히는 노동의 고단함을 알았네

짙은 어둠 섬 끝에 내려앉아도
물살은 실뱀처럼 꿈틀거리고 있네
귀로 찢는 물의 휘장
그 몸짓 하나로도
물고기의 회유처를 눈치 챈 사람들
아직도 바다를 캐고 있네
흐린 손금으로 물의 협곡을 뒤지네
철사줄로 동여맨 허드레 함지박을
허리로 끌고 가는 아낙의 평생 자글거리네
격랑이 소금무늬로 몰려오네
뻘마저 몽땅 베어나간 수척한 바다 이마에
밀리고 밀리는 한무더기 검게 그을린
짜디짠 생

목숨 걸고 건져 올린 수심 선연하네
진흙탕에 씻긴 조개껍데기 착착 발목을 잡네

소금 版畫
– 함평 돌머리 바다

피어선 안 될 것들 불쑥 하늘 해 받들었나 마을 앞 파꽃, 머리 든다. 누군가 이정표보며 외친다 돌머리!…머리 빈 돌 머리? 석두石頭? 외곽 길 찾아 나선 사람들 물음 골튼다. 일상의 중력 받든 어제를 비우긴 쉬운 일 아니지. 돌고 돌아든 황무지 들판 연좌맷돌로 용두레질하여 누인 걸까. 머릿돌은 잘게 부스러져 생모래 궁창 속에 포복한다. 속 것 다 드러낸 바다 혓바닥 생채기 난 세상 체滯기마저 훑아내려는 건지. 또아리 튼 몇 개의 포浦, 간혹 쓰다듬으며 돌아본다.

만조와 간조, 무던히 들고난 생모래 길. 포속에 갇힌 나는 시방 비틀비틀 세상 알밴 꽃게 다리로 염분 괸 발밑 옴팡 찍어낸다. 움직이면 움직일수록 해감내 묻힌 잠수흔적 오호라, 비상하며 목 꺾는 새는 돌머리! 설핏 조각된 해안선 소금 돌기둥 물음의 각을 뜬다. 얼마나 흐르고 지워 저렇듯 닦으면 몽돌의 생 만방에 펼칠 수 있는 건지. 해조음 제킨 조개들, 제 몸 새긴 돌 모래톱에 앉아 생비린 물 퍼담는다.

순천만

일몰 속에 갈대들 눕는다
東에서 西으로 잔뜩 몸 부풀려
바람을 정면 돌파한 희고 보드라운 등때기
뼈만 오르르 남았는데

온몸이 귀가 되어 돌아보았을까
온몸이 눈이 되어 통정했을까
언뜻 언뜻 지상 위로 둥글게 몸 푼
해 뜨고 해 지는 길

갈대 회초리로 알몸의 생을 내리쳐도
구김이 펴진 살냄새에
발이 작은 나는
길 밖에서 길을 본다

껍질

가지에 매달렸던 설익은 감이
투욱 떨어져 나온다
꼭지가 익기도 전 비상을 꿈꾸었을까
돌부리에 머리가 짓 찢겨
한 생의 의복이 왕창 벗겨진 틈새로
진물이 흥건하다
눌어붙은 갈피에 손끝을 얹어보면
끈적끈적한 생의 액이
함부로 비껴 앉지 못한 옴팡한 생채기를
무슨 어린魚鱗처럼 에둘러 감싸고 있다
제 속엣 것 죄다 내려놓고 자연이
썩어지는 모든 것들은 아름다운 것일까
밖으로 엎질러져 방치된 껍질의 시간은
밤이 깊을수록 속마저 부패하기 마련인데
가끔, 바람 귀에 고개 끄덕이는 잔가지 아래로
익지 않은 감 비스듬히 눕는다

말랑한 햇살은 서산을 향하고

벽 2

한 잔의 숙수熟水로 진종일 혀 끝 저린 맛
맘 끝에 우려 앉히는 것도 별미더라고
누군가 소주잔을 부딪히며 슬몃 귀띔을 했었지
사실 나는 '너' 이고 너는 '나' 인데
배고파 씹어대는 먹을거리보다
입 밖으로 터져 나온 대사가 더 지독해
시방, 별을 다 품고서야 맨발바닥 맨낯을 들여다본다
대략 한 티스푼 분량만큼만 묶인 마음 띠를 풀면
저편을 볼 수 있는 창窓 하나 열리는 법인데
오늘, 1mm 간극에 걸린 벽을 허물어
애벌의 촌각 홀짝이다 두 벌 세 벌 숙우에 마음 따른다
햇솜같은 심안으로 하루치 먼지를 헹구어 낼 때
뒤따라오던 그림자도 도드라지는 것인지
발효된 일과가 열길 사람 속을 길어올린다

숲 길

1.

길 없는 곳에 길을 낸다. 누군가 서둘러 딴 길로 빠져나간다. 오르면 오를수록 길은 멀고 계곡이 깊을수록 움푹움푹 갈 곳이 멀다. 때때로 벼랑 앞에 위태위태하다. 몇몇 앞지른 사람들의 서툰 발길 굽이굽이 목마름의 연속이다. 닫히고 열린 출렁임, 오를수록 무릎걸음 걷는다.

2.

질척질척 헤매는 허방, 우거진 숲에 서면 일정한 거리로 서있는 빽빽한 나무가 길이다. 뿌리깊은 사유로 엉킨 장정 같은 나무들. 죽어서도 엎드려 길 된 능선, 태풍에 골절 뚫린 자리마저 빛나는 목숨이다. 발아래 굽이치는 허방에 빠져본 후 음양 제대로 볼 수 있는 것인지. 아릿한 햇살 촉에 은하처럼 깔린 애기똥풀 덜꿩 꾸지뽕 청미래 며느리밥풀 천길 만길 훤하다.

3.

숲은 정상에 오를수록 생채기투성이인 제 속내 환히 들춰낸다. 팔다리 툭 부러지고 잘린 나무들, 딱지 채 가시지 않은 흉터 또아리 틀어 겹겹 오색찬연한 둥지로 창창히 버텨 섰다. 갈래갈래 찢기고 부르튼 굴곡진 잡목 다지고 잇대어 사람의 길 낳았을까. 끊어질 듯 이어지는 산허리, 나무가 길이다.

4.

푸두두둥 까투리 한 마리 휘돌아 나간다. 아찔한 비탈 아래 집 없는 달팽이 느릿느릿 걸어간다. 급한 경사일수록 이기利己의 각을 버려야 옆옆 보인다. 울울鬱鬱한 숲, 아차 하면 허방과 나락이다. 경사가 급한 길 내려설수록 허리의 각 무장 깊어진다.

책장을 넘기며

깨알 같은 활자 사이 걸어 들어간다
이미 지나온 곳 되짚어 보는 것은
내가 오래 전 잃어버린 어릴 적 풍경인 까닭이다
길은 어둠에 묻히더라도
강 끝에 마음 문 열어두면
길가다 길을 잃어 피멍든 흔적
옴싹 보듬어 안을 터.
휘돌아온 시간의 그림자 일일이
비상을 꿈꾸다 잠투정하듯 가라앉기 싫어
가쁜 숨 몰아쉬던 시절 하나 넘긴다

길 위에 길, 길 아래 길
한때 막소금 후려친 염전 같던 생의 이면이라도
이제 더는 쉽지 않다
이마를 맞대 앉은 산들도
반쪽짜리 달빛 한 자락 끌어다 덮는가

건너온 길 토닥이는 낮은 숨소리로
느긋하게 생의 내력을 읽어 내린다

한 자 한 자 내려다봐도
도무지 가라앉지 않는 내수면,
낯선 반어법만 무진장 휘갈겨 쓴
허세와 욕망의 껍데기 북북 벗겨낸다
새살 차오를 시간도 없이
속도에 밀려 삐뚤삐뚤 에돌아 나오다
구중심처 까마득히 잊고 말았을까

일생 온몸으로 읽어내지 못해 찢겨나간 길은
몸서리쳐지도록 뒤쳐진 시절보다 굴곡이 사납다
어떤 날은 텃새들의 겁 없는
물갈퀴질 소리에 접찔린 영혼
바람 문턱에 위태위태 넘어진다
옷섶 휘날리지 않을 만큼!

해설

소금을 찾아 나선 시의 여정

김 명 인 시인·고려대학교 교수

소금을 찾아 나선 시의 여정

김 명 인 시인·고려대학교 문예창작학과 교수

천일염은 바닷물을 염전으로 끌어와서 햇빛과 바람만으로 결정結晶을 만들어낸다. 소금은 오랜 시간 지루할 정도로 끈기 있게 노동을 반복해야 얻을 수 있는 물질인 것이다. 요즈음에야 편리한 정제염이 널리 유통되지만, 소금의 깊은 맛이나 영양가에서는 천일염을 따를 바가 못 된다. 백소연의 첫 시집을 읽어가노라면 굳이 소금을 제재로 삼지 않은 시편에서도 소금기가 가득 묻어나온다. 시인은 이곳저곳을 여행하면서 사라져 가는 시간들의 흔적을 더듬고 노래하는데, 그러한 행로를 통해 발견하는 것은 시인 자신의 내면풍경이기도 하다. 그 여정이 천일염을 만드는 과정과 닮아 있는 까닭일 것이다.

시인의 눈에 비춰진 풍경은 사실 여행지의 일상이다. 그런 까닭에 그곳의 나날들은 현지인의 눈에는 유다르게 포착되지 않는다. 범상한 시간의 흐름에서 어딘가 균열이 생겨났을 때에야 비로소 낯익은 듯 낯선 표지들이 그들의 눈에 띄게 된다. 그러나 시인에게는 여행지의 범상한 일상조차 특별한 경험을 안겨주게 된다. 섬세해진 시인의 정서가 작동하는 까닭일 것이다. 여정은 길 위의 삶들을 낯설게 만들고, 그 안에서 뭔가 특별한 것이 드러나지 않을까 하는 기대감을 품게 하는지도 모른다. 아래의 인용 시 「바다를 낚는 여자」에서 시인은 삶의 진면목과 마주친다.

> 새벽 떠받든 장바닥,
> 푸른 물고기가 일렬종대로 갯물을 토한다
> 속 고쟁이 허옇게 내놓고 앉아있던 여수댁은
> 객주들과 일찌감치 실랑이를 치며
> 물 항아리 고무 통 속에 바지런히
> 바다를 퍼 나른다
> 카랑카랑한 목청 풀어
> 통통 튀는 은빛 갈치들 걷어 누인 생선 궤짝.
> 삐져 나온 피조개 살, 온몸 비틀린 오징어 몸통
> 장바닥에 주절주절 잡아 앉힌다
> 이 길 저 길 사람들 무던히 들락대는 한 복장
> 갓난애 들쳐 업은 젊은 아낙 어물전 골목 두리번대다
> 곁눈 뜬 광어와 시선 딱!
> 얼쑤, 잽싸게 그 눈 치켜 올려
> 허공에 매달아 놓고 흥정하자 하는

저 고등어 같은 여자
바다를 푼다
미적미적 돌아서는 타지 사람 등 뒤에 대고
들어보면 뼛속까지 푹 삭은 속내 알 것이라
물 좋은 홍어 한 놈 '톡'
배때기 뒤집어 보이면
속 들여다보던 장꾼들 고개 끄덕이다 비로소
썩어져 제 맛 뱉어내는 곰삭은 속 들고 나간다
바다 장사 28년 여수댁 앞에 우—
하루 썰물 밀려나간다
생선 궤짝 두루치기하고 걸터앉아
비린 사람들 들어앉힌 전대 속
등 푸른 꿈의 치어들 자글자글 부화한다
물 밀어낸 파장 마당에 번쩍번쩍
짠물 낚아 올리는 저 여자!

—「바다를 낚는 여자」 전문

인용 시에는 분주하고 소란스러운 새벽의 어시장이 전경으로 드러나고 있다. 왁자지껄한 시장 바닥에는 "푸른 물고기"들이 늘어서 있고, 장사꾼들은 손님들과 "일찌감치 실랑이"를 벌인다. 독자들은 싱싱한 해산물과 분주한 상인들의 모습에서 자연스럽게 삶의 생동감을 느끼게 된다. 어느 곳에서나 흔히 볼 수 있는 새벽 어시장의 풍경이다. 그런데 이 시는 어시장의 모습을 있는 그대로 그리는 것에 멈추지 않는다. 화자의 시선은 먼저 생선을 파는 "여수댁"을 향하고, 이어서 "갓난애를 들쳐 업은 젊은 아낙"을 대비시킨다. "젊은 아낙"이 싱싱한 광어에 시선이 닿자 재빠르게 흥정을 한다. 그런 아낙의 모습이 "여수댁"의 눈에는 "미적미적 돌아서는 타지 사람"이나 다름없는 것으로 비춰진다. "타지 사람"은 해산물들을 온전히 즐기지 못하는 사람이다. 바다를 제 것으로 하려면 "속"을 "들여다"볼 줄 아는 눈썰미가 필요한 것이다. "뱃속까지 푹 삭은 속내"를 살필 줄 알아야만 "홍어"와 같이, 시간이 흐를수록 "제 맛 뱉어내는 곰삭"은 진미를 구별할 수 있는 것이다.

오면가면 칸칸이 가둔 해안선 물 아가리
쩍, 벌렸다 닫힌다
밀치고 밀리는 바다 실핏줄
형체조차 거부하는 춤사위다
제 몸 산산이 풀어
서슬 퍼런 소금 등 긁어 올리는지
이 끝 저 끝 사각 틀 물 배꼽 뽀글거린다
해풍 끝에 너덜너덜 찢겨나간
어부들 뼈마디 얽힌 그물 망, 몇 천 피트 뻘 속에
가두리 양식한 상씨름인가
두건 질끈 동여 맨 곰소항 여인 서넛
헐렁한 몸빼 가랑이 사이로
알갱이만 남은 생 사각사각 밟고 섰다

땡볕 붉게 밀어 넣는 서해 늑골
고여도 썩지 않는 생
해금 내 홍건한 염전鹽田 짭짤하게 돌아든 길목
내 비린 발바닥 쓱쓱 당그래질 한다
허공 밟고 지나가는 갈매기 떼
길 없는 길 속에 길 하나 연다
함부로 목숨 툭 놓아버릴 수 없는 쇠토막의지
반짝반짝 닦은 사금파리 생
소금 밭 아낙들, 익착같이 페달을 밟는다

-「소금 밭」 전문

시간을 들여 푹 삭혀야 홍어가 제 맛을 내듯이 소금 역시 햇빛 속에 천천히 응고시켜야 양질의 것을 얻을 수 있다. 그런데 염전에서 소금을 얻어내는 과정은 단순히 기다림만으로 이루어지는 것은 아니다. 뻘 위에 "어부들의 뼈마디 얽힌" 것과 같은 가두리를 만들어 바닷물을 가둬들인다. 그리고 바닷물을 길어오기 위해서는 수차의 발판을 밟아야 한다. 이런 지난한 과정을 반복해야 비로소 소금이 만들어진다.

시의 화자는 염전의 풍경을 그리다가 느닷없이 "허공 밟고 지나가는 갈매기 떼"에 시선을 돌린다. "갈매기 떼"는 "길 없는 길 속에 길 하나"를 열고 있는 것이다. 갈매기가 나는 모습은 염전에서 소금을 얻는 과정과 유사하다. 형체가 없는 하늘에 길을 낸다는 것은 바닷물에서 소금이라는 결정結晶을 얻는 과정처럼 지난한 일인 것이다. 한편 소금은 다른 것들을 썩지 않게 하는 방부제의 역할을 한다. 고된 작업을 통해 오랜 시간을 들여야 얻어내는 소금, 그 소금은 시간을 거스르는 힘을 지니기도 하는 것이다. 그리하여 염전에서 일하는 "아낙들"의 모습은 마치 혼돈 속에서 진리를 찾으려고 하는 철학자와 닮아있기도 하다.

1.
길 없는 곳에 길을 낸다. 누군가 서둘러 딴 길로 빠져나간다. 오르면 오를수록 길은 멀고 계곡이 깊을수록 움푹움푹 갈 곳이 멀다. 때때로 벼랑 앞에 위태위태하다. 몇몇 앞지른 사람들의 서툰 발길 굽이굽이 목마름의 연속이다. 닫히고 열린 출렁임, 오를수록 무릎걸음 걷는다.

2.
질척질척 헤매는 허방, 우거진 숲에 서면 일정한 거리로 서 있는 빽빽한 나무가 길이다. 뿌리 깊은 사유로 엉킨 장정 같은 나무들. 죽어서도 엎드려 길 된 능선, 태풍에 골절 뚫린 자리마저 빛나는 목숨이다. 발아래 굽이치는 허방에 빠져본 후 음양 제대로 볼 수 있는 것인지. 아릿한 햇살 촉에 은하처럼 깔린 애기똥풀 덜꿩 꾸지뽕 청미래 며느리밥풀 천길 만길 훤하다.

3.
숲은 정상에 오를수록 생채기투성이인 제 속내 환히 들춰 낸다. 팔다리 툭 부러지고 잘린 나무들, 딱지 채 가시지 않은 흉터 또아리 틀어 겹겹 오색찬연한 둥지로 창창히 버텨 섰다. 갈래갈래 찢기고 부르튼 굴곡진 잡목 다지고 잇대어 사람의 길 낳았을까. 끊어질 듯 이어지는 산허리, 나무가 길이다.

4.
푸두두둥 까투리 한 마리 휘돌아 나간다. 아찔한 비탈 아래 집 없는 달팽이 느릿느릿 걸어간다. 급한 경사일수록 이기利己의 각을 버려야 옆옆 보인다. 울울鬱鬱한 숲, 아차 하면 허방과 나락이다. 경사가 급한 길 내려설수록 허리의 각 무장 깊어진다.

—「숲길」 전문

위의 인용 시 또한 "길 없는 곳에 길을 낸다"는 주제를 앞에서 분석한 「소금 밭」과 공유하고 있다. 「소금 밭」의 정황이 형체가 없는 "허공"에 길을 내는 행위로 나타났다면, 「숲길」에서는 나무로 이루어진 빽빽한 미로 속에서 길을 내는 상황들로 표현된다. 숲에서 길을 낸다는 것 또한 닫힌 문을 여는 것처럼 힘겹고 "위태위태한 일"인 것이다.

화자가 걷는 숲길은 "빽빽한 나무"로 가득 차 있어 나무가 바로 "길"의 향방이다. 그 길에는 "뿌리 같은 사유로 엉킨 나무들"이며, 사람들이 지나가면서 "팔다리가 툭 부러지고 잘린 나무들"도 늘어서 있다. 그런가 하면 "발아래"에 "굽이치는 허방"이 도사린 위험한 행로이기도 하다. 그런 까닭에 누군가는 "서둘러 딴 길로 빠져나간다". 그러나 이 시의 화자는 계속해서 그 숲길을 오른다. 화자는 그 길을 걸어가면서 사람과 시간이 만들어낸 상처들을 살핀다. 그리하여 "이기의 각을 버려야"만 "옆"이 보인다는 진실을 깨닫게 된다. "정상에 오를수록" 숲이 "생채기투성이인 제 속내"를 "환히 들춰내는 까닭이다."

동진강 옆구리 한 자락 깔고 누운
서해, 비린 혓바닥 드러냈다
해수 가라앉힌 강바닥 위
물문 막고 선 허리 고부라진 아낙들
아까부터 변산반도 뱅뱅 물질한다
산새곡절 담은 물새 떼 우우 이화梨花 물어 나르는데
뻘 감은 바지락 몸
서걱서걱 캐내 담는 아낙들.
시린 발 비벼댈 때마다 걸어온 길 움푹 괸다
질퍽한 외길 한 발 한 발 더듬어
옆 걸음 치는 생 잽싸게 낚아 앉힌다
캄캄한 길바닥 발버둥 칠수록
천 갈래 만 갈래 수렁인 걸 나는 예측 못했던 걸까
제대로 잡아채지 못해 이내

뻘 속에 묻혀버린 내 정강이 몇 번인가
어설픈 호미질 끝에 콕콕 찍혀 나왔다
천길 만길 뻘 속 죽고 살고 파고드는
생生, 칠흑 같은 뻘도 살아가는 소금 꽃이라고
호미자루 잡아 맨 비린 손끝
갯내 박힌 바다 덜그럭덜그럭 해 걸어 캐낸다

–「격포항 2 - 섬에 피는 꽃」 전문

위의 인용 시 「격포항 2」에서도 시인은 「숲길」에서와 마찬가지로 "길"을 통한 깨달음을 드러내 보이고 있다. 이 시에서 화자는 "해수 가라앉힌 강바닥 위 / 물문 막고 선 허리 고부라진 아낙들"을 본다. "아낙들"은 바지락을 캐고 있다. 그녀들의 "시린 발 비벼댈 때마다 걸어온 길"은 뻘 위에 "움푹 괸다". 그녀들의 노동은 마치 수행자의 고행처럼 "질펵한 외길"을 "한 발 한 발" 조심스럽게 뻘 위에 새긴다. 그리고 "옆 걸음 치는" "게"들의 생을 "잽싸게 낚아 앉힌다".

앞의 시 「숲길」에서의 화자가 산길을 오르듯 「격포항 2」의 화자는 바지락을 캐는 "아낙들"처럼 갯벌 위에 발을 들여놓는다. 갯벌의 "외길"은 물질하는 "아낙들"이 미리 닦아놓은 안전한 길인 줄 알았지만, "천 갈래 만 갈래 수렁" 길이다. 따라서 시의 화자는 "아낙들"처럼 "옆 걸음 치는 생"을 "제대로 잡아채지" 못한다. 다만 "천길 만길 뻘 속 죽고 살고 파고드는" 것도 삶이라는 것을 깨닫는다. 사실 "어설픈 호미질"처럼 덜거덕거리며 가는 것이 우리네 삶의 내력인 것이다.

가라앉은 앙금 걸러 태토胎土로 구워낼 때까지
화마에 뒤엉킨 상처 이렇듯 많았던가
적막이 씹다 쪼개놓은 시간, 흙의 혼이
이적지 어딘가를 떠돌던 날 깨우는지
빗살무늬 내력 시나브로 다듬어 훔쳐내고 보면
정수리를 탁탁 내리치는
잘못 든 길

길은 필시
먼저 건넌 발자국이 열어젖힌 것인데
무슨 말 못할 사유 새겨 으깨진 손지문을
불구덩이 속에 살라내려는 것일까
건강을 잃으면 천하를 잃는다는 말에 절망 따윈 없었지만
간혹 나를 흔들어대는 소소리바람에 못 박혀
길의 문틈에 팔다리가 끼인 적 있었다
무시로 접찔린 내 맘은 개폐가 불가능했지만
하늘 우러러 가시 돋친 신경줄을 놓아버릴 때
얼마나 생이 가벼웁던지

애시당초 강을 건너는 기도문은
한 울타리 한 뜻으로 화和한다는 것인데
어쩌면 성깔 거친 속도에 떠밀린 욕망의 분신들이
다듬기도 전 다급하게

탈피탈각을 꿈꾼 건 아닌지
무던히 건너지 못해 쪼개진 시간과 시간 속에
몸 지친 빗살무늬 얼키설키 박혀있다

-「틈」 전문

이 시에서의 화자는 질그릇의 밑감으로 쓰는 흙인 "태토"를 보고 있다. 태토는 토기로 구워져야만 비로소 저의 역할을 한다. 그런데 "화마에 뒤엉킨 상처 이렇듯 많았던가"라는 진술로 미루어볼 때, 구워진 토기는 여기저기 깨지고 균열이 난듯하다. 그런 토기를 보는 순간 화자는 "흙의 혼"이 "이적지 어딘가를 떠돌던 나"의 "잘못 든 길"을 자성하게 된다. 화자는 구워진 토기를 보면서 자신이 들어선 길이 과연 바람직한 길이었는지 돌이켜보는 것이다.

그런데 화자가 들어선 "길은 필시 먼저 건넌 발자국이 열어젖힌" 길이다. 누군가가 미리 닦아 놓은 길이라면 안전한 길이기도 할 것이다. 그러나 화자는 그 길을 따라가다 "길의 문틈에 팔다리가 끼인 적 있었다"고 진술한다. "나를 흔들어대는 소소리바람에 못 박힌" 까닭이다. 아마도 마음에 상처를 안겨준 어떤 사건이 있었음을 짐작해볼 수 있다. 화자에게 상처를 안겨다 준 것은 "성깔 거친 속도에 떠밀린 욕망의 분신들이/ 다듬기도 전 다급하게 탈피탈각을 꿈"꾸었기 때문이다. 너무나도 성급했던 욕망들이 일의 순리를 일순간에 그르

쳐버리게 한 것이다. 토기를 제대로 구워내려면 불길의 온도와 갈무리되는 시간들을 제대로 지켜야 한다. 조급한 욕망은 그릇이 알맞게 구워지는 것을 훼방한다.

깨알 같은 활자 사이 걸어 들어간다
이미 지나온 곳 되짚어 보는 것은
내가 오래 전 잃어버린 어릴 적 풍경인 까닭이다
길은 어둠에 묻히더라도
강 끝에 마음 문 열어두면
길가다 길을 잃어 피멍든 흔적
옴싹 보듬어 안을 터.
휘돌아온 시간의 그림자 일일이
비상을 꿈꾸다 잠투정하듯 가라앉기 싫어
가쁜 숨 몰아쉬던 시절 하나 넘긴다

길 위에 길, 길 아래 길
한때 막소금 후려친 염전 같던 생의 이면이라도
이제 더는 섧지 않다
이마를 맞대 앉은 산들도
반쪽짜리 달빛 한 자락 끌어다 덮는가
건너온 길 토닥이는 낮은 숨소리로
느긋하게 생의 내력을 읽어 내린다

(중략)

일생 온몸으로 읽어내지 못해 찢겨나간 길은
몸서리쳐지도록 뒤쳐진 시절보다 굴곡이 사납다
어떤 날은 텃새들의 겁 없는
물갈퀴질 소리에 접질린 영혼
바람 문턱에 위태위태 넘어진다
옷섶 휘날리지 않을 만큼!

–「책장을 넘기며」 부분

위의 인용 시 「책장을 넘기며」에서 우리는 어째서 이 시인이 줄곧 길을 찾아 돌아다녔는지를 알 수 있다. 이 시에서도 화자는 "이미 지나온 곳"을 "되짚어 보는" 행위로 걸어온 길을 반성해 보인다. 화자는 "오래 전 잃어버린 어릴 적 풍경"을 찾고자 먼 길을 돌아다녔다. 그는 "길을 잃어" 피멍이 들기도 했고, 마음의 상처를 안기도 했다. 그러나 이제 화자는 "강 끝에 마음 문"을 열어두면, 어떤 상처도 "보듬어 안을" 수 있음을 깨닫게 되었다. 그리하여 "한때 막소금 후려친 염전 같던 생의 이면"을 걷더라도 "더는 쉽지 않다." 건너온 길을 토닥일 수 있으니, 지나온 "생의 내력"조차 느긋하게 회상할 수 있는 마음자리가 마련된다.

"일생을 온몸으로 읽어내지 못해 찢겨나간 길"을 바라보는 회한은 "굴곡이 사납다." 그리하여 "어떤 날은 텃새들의 겁 없는 물 갈퀴질 소리에" 영혼이 접질리기도 한다. 화자가 돌아본 과거는 "잘못 든 길"(「틈」)로 인해 상처를 입은 시간들이지만, 이제는 그 길을 반추해 보면서 성찰의 여유를 가질 수 있는 정신적인 성숙을 이루었다. 이는 「바다를 낚는 여자」에 등장하는 "여수댁"의 모습이라 할 수 있다. "여수댁"은 "홍어"처럼 인내의 시간을 견디면서 삶의 참 맛을 일러주는 대상이다. 화자는 이제 앞선 사람들이 만들어 놓은 길이 아닌 자신만의 길을 개척해 갈 수 있는 것이다. 그 길은 앞만 보면서 위를 향해 오르려는 욕망의 길이 아니라, 주변을 살피며 천천히 나아가는 화해의 길인 것이다.

백 소 연

전북 임실에서 태어났고, 고려대학교 대학원 문학예술학 석사 과정을 마쳤으며, 2002년 계간 『현대시문학』에 「홍어」, 「바다를 낚는 여자」 외 4편을 발표하면서 작품활동을 시작했다. 시가 '고통의 꽃이요, 한의 열매' 라면, 백소연의 첫 시집 『바다를 낚는 여자』가 바로 그것이라고 할 수 있다.

이메일 주소 : mousaisy@hanmail.net

백소연 시집
바다를 낚는 여자

발　　행 2010년 9월 20일
지 은 이 백소연
펴 낸 이 반송림
펴 낸 곳 도서출판 지혜
　　　　계간 시전문지 애지
기획위원 반경환 이형권 황정산
주　　소 305-720 대전시 유성구 신성동 두레A. 106동 106호
전　　화 042-862-0845
전자우편 ejisarang@hanmail.net
홈페이지 www.ejiweb.com

ISBN : 978-89-864979-2-2 03810
값 10,000원